唐诗是一曲风流 2

薛涛诗传

华云／著

时事出版社

图书在版编目(CIP)数据

唐诗是一曲风流.2,薛涛诗传 / 华云著.—北京:
时事出版社,2015.1

ISBN 978-7-80232-796-2

Ⅰ.①唐…　Ⅱ.①华…　Ⅲ.①薛涛(770～832)-传记
②薛涛(770～832)-唐诗-诗歌欣赏　Ⅳ.①K825.6　②I207.22

中国版本图书馆 CIP 数据核字(2014)第266280号

出版发行:时事出版社
地　　址:北京市海淀区万寿寺甲2号
邮　　编:100081
发行热线:(010)88547590　88547591
读者服务部:(010)88547595
传　　真:(010)88547592
电子邮箱:shishichubanshe@sina.com
网　　址:www.shishishe.com
印　　刷:北京建泰印刷有限公司

开本:880×1230　1/32　印张:9　字数:180千字
2015年1月第1版　2015年1月第1次印刷
定价:29.80元
(如有印装质量问题,请与本社发行部联系调换)

前言

女诗人薛涛，可谓名满华夏，“容姿既丽”且“通音律，善辩慧，工诗赋”的她被当时的人们称为“大唐女校书”，与汉代蜀中才女卓文君比肩，后人又把她与李冶、鱼玄机、刘采春并称为“唐朝四大女诗人”。然薛涛“工绝句，无雌声”，于边陲慷慨作歌，于官府吟诗讽谏，闺中女子无有能望其项背者。

唐代是一个诗歌的朝代，薛涛能够在这个时代占有一席之地，足见其才情之卓然。她生于大历五年（公元 770 年），卒于大和六年（公元 832 年），字洪度，祖籍长安，自小聪慧，八九岁时就能作诗，随父亲薛郧流落蜀地，未及笄而父母双亡，十六岁时便堕入乐籍，四年后被罚赴边疆，不久便被迎回，居于成都浣花溪畔，与当时的名士元稹、白居易、刘禹锡、牛僧孺皆有往来，诗词酬唱甚多。她居于蜀地时，韦皋、高崇文、武元衡、李夷简、王播、段文昌、杜元颖、郭钊、李德裕等人相继镇蜀，仕剑南西川节度使，其中不乏宰相之才，都对薛涛照拂有加。诸人中，薛涛与元稹交情最笃，世传有忘年之恋。

她被当时的诗坛称作“孔雀”，与节度使府邸池塘中的孔雀共享“韦令孔雀”的赞誉。她绚丽的羽翼在鼎盛的大唐盘旋，她清脆的歌声却也在边塞的硝烟中呜咽。她幸运地在时代的祸乱中保全了自己的年华，经历了人

生所有的滋味：少年流落飘零，青年迎送酬唱，中年忘我爱恋，晚年淡然隐居。她的故事不止在诗笺上流传，更随着浣花溪的流水倾诉给每一个后来的人。

关于薛涛的传说甚多，其中不乏污蔑与中伤，薛涛虽入乐籍，但洁身自好，今人犹可通过众多历史材料，去伪存真，尽可能还原当时的真相，以维护薛涛的清誉令名。我们仍可见到一个情感丰富、愁肠百结的多情佳人。薛涛敢爱敢恨，不忘他人之恩情，亦不掩自身之悲愤。薛涛不似长袖争宠的闺中女子，她才情不逊于须眉，温婉不疏于胭脂，却生性疏狂。她的诗绵里藏针，于酬唱间，往往以隐藏的心血点染，露出倔强的性子与桀骜的风骨。最后，一袭青衣道袍换红妆，褪去繁华，守本真心度余生，一笑寥寥。

在今天，我们所能收集到的资料已然不多，我们所能叙写的故事也并不专于情节，但幸运的是，对于笔者而言，我所要完成的是一部“诗传”，因而可通过薛涛留下来的诗句，追寻这位扫眉才子内心的故事。这样的故事，比史书中的描述看来更加真实。可惜的是，薛涛一生创作诗歌五百余首，但今人可以见到的不足百首。

一千多年后的我们，有的耗尽毕生心血为薛涛集成诗集，有的收集蛛丝马迹为其编写传记，有的读她的作品情思涌动而吟诗作赋，这一切都是为了告诉一千多年前那个风华绝代却命运坎坷的女子：你并不孤独。

吟诗应事如豪杰，

作字何曾类妇人。

表荐校书偏遇变，

枇杷门掩逐风尘。

目录 CONTENTS

第一章

豆蔻年华——无忧年少井梧吟

多少年后，薛涛仍旧不时地想起自己年少的时光。那个时候，庭院中的梧桐树还播撒着浓荫；那个时候，父亲还在和天真烂漫的孩子吟诗对句；那个时候，所有的风暴还在远方，只有平静的幸福随风在林叶之间穿梭。每个人的心中都会有这样一个充满光亮和美好的“伊甸园”，那是一切梦和故事的起点，也是一切爱和伤痛的归宿。记忆中的那棵梧桐树啊，承载了薛涛年少时最美好的念想，无忧无虑的生活若是能够就此继续，想必也是一段流传的佳话。然而天意总是弄人，薛涛此后的人生充满坎坷，但也正是这些坎坷，造就了一只大唐最美的“孔雀”。

第一节

《井梧吟》——青鸟婉转少年时

庭除一古桐，耸干入云中。

枝迎南北鸟，叶送往来风。

唐朝，一个诗歌的国度，一个让人魂牵梦萦的繁华时代。在这个时代，多少颗诗歌的星辰相继闪耀，万古长存。而其中有那么一颗，却散发着独特的光芒——那是一位女性诗人，却有着丝毫不弱于其他星辰的光亮，她朗朗独照，让人仰其孤高，慕其瑰丽，叹其壮怀。

她便是薛涛，大唐第一女诗人。

唐大历五年（公元770年），薛涛出身于一个官宦之家。《嘉定府志》记载："薛涛，字洪度，长安人，随父宦流落蜀中，遂入乐籍，辨慧工诗。韦皋镇蜀，召令侍酒，称为女校书，出入幕府，历事十一镇，皆以诗受知。"

一段历史中草草的笔墨就记载了薛涛的一生，多少让人觉得有

点愤愤不平。难道就因为她只是一个女子，所以就不肯为她多费笔墨？难道就因为她曾经堕入乐籍，就对她心生鄙夷？她的才情、她的尊严、她的情感，又有谁来为她描摹？

薛涛的一生十分坎坷，真的就如同她的名字一样：涛者，大波也。她起起伏伏，历经波折，到头来真的是“人间没个安排处”，父亲给她取的名字似乎真的是不太好。

不过这些都是后话了，暂且不表。年幼的薛涛生活还是幸福美满的，且薛涛早慧，从小就展露出非比寻常的才华和锋芒。

唐代李屿的《薛涛传》记载：“涛八九岁知声律，其父一日坐庭中，指井梧示之曰：‘庭除一古桐，耸干入云中’令涛续之，即应声曰：‘枝迎南北鸟，叶送往来风。’父愀然久之。”薛涛才思敏捷，对仗极工，“枝迎南北鸟，叶送往来风”却有迎来送往之意，其父愀然，必是听出其意，恐薛涛将来成为迎来送往的不良之女。

“枝迎南北鸟，叶送往来风。”天才般的美丽少女在梧桐参天的浓荫里朗朗念出的句子，竟镌刻出她一生的命途。

父亲薛郧见女儿聪慧过人，心中欢喜，却也想要试探一番。这一日，凉风飒飒，井梧摇摇，他便寻思着与女儿对诗，于是随口吟出了上句，要薛涛续成一首诗。薛涛知道父亲这是在考自己，稍一思忖，便接出了下句。她看着枝头鸟儿来来往往，听着叶间风声穿梭回旋，仿佛只有这一棵梧桐树是恒久的，张开怀抱接纳所有到来的访客，却也不做任何挽留。她喜欢这棵沉默无言的梧桐树，却不知道自己将来的命运会和梧桐树这般相似。

那个时节，她以为这是父亲与她的一场小小游戏；往后漫长的岁月碾过，她在命运的波涛里跌跌撞撞，直至将一颗心百转千回、零落成尘，才终于懂得了，这游戏的主角从来都是她与她的宿命。

只识春色美，不闻人间恶。但见花色清，不知欢情薄。

寂寂高穹，青鸟展翅，勾起一阵浅风，向远。

光影微动，树下的人便大了、走了、老了、死了。如果一切能够重来，她还会不会扬起稚嫩的笑脸，作出这工整而机敏的回答？

时光飞逝远遁，在千百年之后，倾慕者以指尖抚摸着她留下的传奇与诗句，总是会在脑中构建着这个画面：

庭前树下，六岁少女与父亲午后笑语，在对答如流的期盼中，风戛然而止。父愀然久之。

井旁梧，命中人。

少女的命运，便是这一棵井边梧桐，一切美丽于她皆是抓不住的风，一切期盼于她皆是终将离去的飞鸟。

她只剩下了自己，在岁月里风干，在荒野里挺拔，独余她的才情与风姿供后人仰慕、凭吊。

一诗成谶。

第二节

《风》——萧疏不平是生涯

猎蕙微风远，飘弦唳一声。

林梢鸣淅沥，松径夜凄清。

风代表着自由，代表着无拘无束。薛涛自小就喜欢风，喜欢它的轻盈，喜欢它的无影无踪，喜欢它与心灵契合的感觉。

薛涛幼年生活还算安定，每日读书写字，倒也不觉无聊。但她的内心深处，却总有着一些莫名的渴望，渴望去往远方，渴望去见识全新的世界，渴望乘上清风俯瞰大地。这或许是天性使然，薛涛虽是女子，却也有着一颗不甘于现状的心灵。

一日，薛涛正在案头写字，忽然一阵清风拂面而来，仿佛若一种灵魂的召唤，让人心荡神驰。薛涛走出房门，看到风在天地之间肆意奔跑，也直觉自己飘飘荡荡，舒心畅快，心有所感，提笔赋诗。

微风掠过低矮的蕙草，香传遐迩；在琴弦上轻轻地撩拨一下，发出一声清脆的琴音。如此醉人的景色，在薛涛的心间留下了美好的倒影。

高高的树梢在狂风的激荡下淅沥作响，松林里的小径在呜呜寒风的侵袭中凄冷幽清。年幼的薛涛目睹清风，却发此不凡之论，展露出胸臆间激荡汹涌的心境。

《人间词话》给普天下的诗句都下了一个贴切的注脚：“一切景语皆情语。”薛涛年纪尚幼，未见人间种种不平之事，亦未识得命运无常冷酷的真貌，却因年少的慧眼而识得世情冷暖，咏出这凄凄切切的词句来。

薛涛少负诗才，心思细腻过于常人，短短二十字，未曾一见直抒胸臆之句， 却以风为譬，尽展胸中山河。短短一首咏物诗，即从鼻根、耳根、眼根、意根四处落笔，风之一物，不可捉摸，却嗅之有香、闻之有声、视之有色、感之生情，形象而从容地描绘出风飘忽、悠远、幽微的特质，更赋予了它情感——凄清。

草香、琴声、林色、寒夜四者，为薛涛欣赏风之自由飘忽的媒介，她心目中的微风正如自己的性格一般，漂泊无寄，任运世间。年幼的薛涛在闺房中，日日读书写字，未曾见过广袤的人间，却在书篌中领略了外面世界的风采，心中满是渴慕，唯愿像古人一般，饮马天涯，千里不留影。

“猎”字甚奇峻，充满了野性的力量；“唳”字亦突兀，非凡语俗句所能及。在薛涛的诗中，风一点也不安分，如仗剑豪侠，狩

猎奇芳，如云间大雁，唳声高亢，正如薛涛心中的儒林、江湖、诗坛、市井……

显然，心向往之的世界对薛涛充满巨大的诱惑，幸运又不幸的是这一切终将发生：命运将她卷入青楼，推向诗坛，撇在乡野，她将咏叹身世、顾影自怜、相思难罢……

未来的薛涛会如《风》一般——诗名远播，在人人皆诗的时代里占有一席之地。蕙草虽柔弱，却藉清风之力引来举国侧目；才名流芳，在各领风骚数百年的文坛里如琴声悠长，引来万世艳羡！

薛涛之诗，非空有抱负，而无心头恼热；她心性虽然疏狂，却不失淅沥凄清之幽微；她年纪轻轻，便彻见了无常之两端——福祸相依，从而了悟了喧闹与孤独相得益彰的义谛。自由飘忽的清风既能借力抟青云而上，则必能忍受“高处不胜寒”的寂寥。

但命运给予薛涛的“馈赠”远远不止于此，她的才华为她引来祸患也拯救她于窘迫之中，她真实地品尝到了“林梢明淅沥”的滋味——无端的指摘、恶意的嫉恨、无明的怒火都向她倾泻而来，而在那些寂寥萧疏的夜晚，唯有“松径夜凄清”可与之相伴。

西晋诗坛美男子潘岳曾作《秋兴赋》，咏叹道“月朣胧以含光兮，露凄清以凝冷。”相权之下，诗兴疏阔的薛涛之“凄清”更加生动、真切。薛涛的松径，屏退了一切的喧闹与缠绵，唯有幽幽芳草的清香和偶一发之的琴“唳”，更衬得夜晚的空寂。

叹那歌舞升平，不过是浮光掠影，对于诗人敏感的心境而言，只是喧闹中独品孤独罢了，倒是这深夜晚间的风，仓促、犀利、猝

不及防，向天下间所有的浮华宣告：微风在寒夜里激荡，比起虚浮的盛筵来更加真实动人。

几百年后，东坡居士填词而歌：“尊前舞雪狂歌送，腰跨金鱼旌旆拥，将何用，只堪妆点浮生梦。”亦是以诗人之眼谛察万物，良由取舍，颇符薛涛之旨。

那时，豆蔻年华的薛涛便预见了一生的起伏，洞见了诗情之幽微。《历朝名媛诗词》评其诗曰：“涛诗颇多才情，轶荡而时出闲婉，女中少有其比。然大都言情之作，娓娓动人。”实非虚言。

正是这样清旷的心境造就了疏阔的性格，也决定了薛涛飘零的命运。所以薛涛在今后的生涯里，会因孤傲的性子触怒权贵，因清淡的诗情刺破矫伪，却不论沉浮，皆不改孤高自许之性情。

一语成谶，非但《井梧吟》之谓也，亦《风》之谓也。恐怕后世小说中，颇多谶语、判词，灵感皆取材于前代诗人的诗句与生平，气质与命运的纠缠竟是如此奇妙。

薛涛爱风，也爱月。她爱月的孤高皎洁，爱月的阴晴圆缺，爱月的清辉流布人间。自古月亮便是文人墨客笔下永恒的主题，薛涛自然也读了许多，不过她对月亮有着自己独特的理解和喜爱。薛涛有一首小诗《月》，便是吟咏月亮、寄托情思的。诗曰：

魄依钩样小，扇逐汉机团。

细影将圆质，人间几处看。

起句即描绘夜空中月亮的姿态。“魄”指月亮未圆之初和既圆之后的微光，《法言·五百》：“月未望则载魄于西，既望则终魄于东。”看来是一枚新月了。一个“依”字，新奇有趣，将月光写活。“扇逐”句用团扇来比喻满月，实则暗用了班婕妤《团扇诗》的典故。

班婕妤是汉成帝刘骜的妃子，亦是古代著名的才女，以辞赋见长。初为少使，立为婕妤。《汉书·外戚传》中有她的传记。汉成帝因赵飞燕姐妹入宫而逐渐冷落班婕妤，加之赵氏姐妹的迫害，班婕妤自请侍奉皇太后，从此久居深宫。她感到自己就仿佛那秋天的扇子一般被遗弃了，伴随自己的只有无尽的孤独和寂寞，便题诗于团扇之上，作诗赋以自伤悼，便是历千古而余音不绝的《团扇歌》(亦名《怨歌行》)：

新裂齐纨素，鲜洁如霜雪。
裁为合欢扇，团团似明月。
出入君怀袖，动摇微风发。
常恐秋节至，凉飙夺炎热。
弃捐箧笥中，恩情中道绝。

“扇逐汉机团”，薛涛在写下这个比喻时，是否也想到了班婕妤的命运？女人的一生，不论是人还是情，都依附在男人的恩宠之上，如若玩物，不得自主。思及此，是否会有一丝的叹息，替时间那一头的班婕妤而感到不值？

宿命兜兜转转，当有一日失去父母庇佑的薛涛最终变成依托他人而存在的营妓，未曾想过那一番滋味，可能更凉过大汉深宫内的秋日团扇。

而这一日，在头顶月光下，并无那多愁悲，薛涛只是随口道出巧思：新月的纤细精致，满月的丰盈圆满，都是那么的美丽，世界上有谁能够评断呢？“细影将圆质，人间几处看？”

薛涛咏物，总有些别出心裁。她不评月，不悲月，反而在月的所有形态里发现了独特的美，如同各种风格的诗、泼洒迥异的画、性格千面的人、剧情万变的戏，如同昨天和今天或顺或逆的境，如同我们和他们或喜或悲的命。

薛涛写月，不局限于一时一地，不拘泥于团圆相思，而是抓住了月的本质，深入了人的内心，故能在小处腾挪，见气象万千。薛涛写月，从月亮最极端的两个状态，即新月和满月来写，抓住这两点，即是抓住了月亮整个变化的过程，让人读到月亮的盈亏变化，巧妙非常。薛涛写月，不做具体的抒情，只是淡淡发问，引人遐想，从月的圆缺变化，看到人间的悲欢离合。这让我们不禁想起苏东坡的千古绝唱——《水调歌头》：

明月几时有，把酒问青天。不知天上宫阙，今夕是何年。我欲乘风归去，又恐琼楼玉宇，高处不胜寒。起舞弄清影，何似在人间。

转朱阁，低绮户，照无眠。不应有恨，何事长向别时圆。人有悲欢离合，月有阴晴圆缺，此事古难全。但愿人长久，千里共婵娟。

不过不同的是，苏轼寄情于月，思念弟弟而愿婵娟相共。薛涛则仅仅是观月之态、发月之问，自己是站在一旁的。

薛涛抬头看着天空中清冷高洁的月亮，心下却也是有些感伤的。毕竟世间就如同这月亮阴晴圆缺般变幻不定，自己身处这滚滚红尘中，也是逃不出“无常”二字的。虽则是在安慰自己，所有的分合聚散都是人间的定律，自己惆怅也没有办法，但如果真有一天，当自己面对这些的时候，到底会是怎样的想法呢？

不过现在说这些还为时尚早，不管是风的自由不羁也好，还是月的孤高清冷也罢，对于当日涉世未深的薛涛而言，即将展现在她面前的，是她所预见的人生！

第三节

《蝉》——心思不与他人同

露涤清音远，风吹故叶齐。

声声似相接，各在一枝栖。

《庄子·逍遥游》：“藐姑射之山，有神人居焉。肌肤若冰雪，绰约如处子，不食五谷，吸风饮露。”

日出而林霏开，庄子幻想着，在那遥远的仙山之上，有一位神人，她的肌肤像冰雪一样洁白美丽，她不吃五谷，靠着呼吸九天之上的风，靠着啜饮朝朝暮暮的露，便能保持万千年绰约身姿，绝美若唱。这是多少人心中的梦。

吸风饮露，化身为蝉。

蝉居高树，吸食树汁而生，人们见不着它觅食的情景，便以为它仅仅靠吸风而长，饮露而生，镇日不移，扬声高唱。

薛涛往往能从身边的事物中发现新奇的意趣，故而她的咏物诗常常出语新巧，别致有趣，发人之所未发，独具一格。这也许是出于孩子的目光，也或许是天赋的才情，总之，年纪轻轻的薛涛已然独具了慧眼。这首《蝉》正是如此。

起句邈远清澈，仿佛声自天外而来，让人精神为之一振。仿佛是因为终日吸食风露才能有此清越的声音，不沾一丝一毫人间的烟火气息。这不禁让我们想起了唐初诗人虞世南的咏蝉名篇《蝉》：

垂緌饮清露，流响出疏桐。

居高声自远，非是藉秋风。

同样是描绘蝉的声音，虞世南的蝉更加细腻、有画面感，而薛涛则胜在精炼警策。“风吹故叶齐”一句点名时节，已经是秋日天气了。“秋蝉”的意象在古典诗歌中往往意味着一种悲肃凄旷的氛围和基调，蝉声到了秋天就愈加显得悲切，因为它自知时日无多，能这样鸣叫的机会不多了。诗人或以秋蝉自比自伤，感叹岁月不复、年华蹉跎，或以秋蝉寄托自警，心慕高洁，不合俗流。文人爱蝉，咏蝉的诗篇也不计其数，用意自殊。

有托物言志，为表高洁的，如骆宾王的《在狱咏蝉》：

西陆蝉声唱，南冠客思侵。

那堪玄鬓影，来对白头吟。

露重飞难进，风多响易沈。

无人信高洁，谁为表予心。

有描绘蝉声，烘托幽静的，如王籍的《入若耶溪》：

艅艎何泛泛，空水共悠悠。

阴霞生远岫，阳景逐回流。

蝉噪林逾静，鸟鸣山更幽。

此地动归念，长年悲倦游。

有感怀身世，叹惜时光的，如司空曙的《新蝉》：

今朝蝉忽鸣，迁客若为情。

便觉一年老，能令万感生。

微风方满树，落日稍沈城。

为问同怀者，凄凉听几声。

有客子思乡，苦于飘零的，如白居易的《早蝉》：

月出先照山，风生先动水。

亦如早蝉声，先入闲人耳。

一闻愁意结，再听乡心起。

渭上新蝉声，先听浑相似。
衡门有谁听，日暮槐花里。

有壮志未酬，遗恨倥偬的，如雍裕之的《早蝉》：

一声清溽暑，几处促流年。
志士心偏苦，初闻独泫然。

而薛涛与他们都不相同，另出机杼。她不独写一只蝉，而是写蝉声相和，却各在一枝，并不相见。这种新颖的观点是前人所没有的，可见薛涛的才情，也隐约能窥得她心中与众不同的隐秘心绪。她明白自己只不过是个弱女子，不好去学文人自表高洁的志态，因而不去写蝉居高处，声播邈远；也不去写蝉吸风饮露，高洁自爱，而是写蝉声相和，表明希望有人能够听懂自己，与自己相知相交；而各栖一枝则表明自己也希望留有自己的空间，不被他人所影响。这种想法不仅新颖，而且难能可贵，薛涛身为一个古代女子，追求的却是独立的人格和自由的精神。

蝉本无知，蝉鸣也本不关愁，然而许多诗人却闻蝉而愁，其实这都是因为诗人自己心中本就有愁，只借一物抒发，正如宋代诗人杨万里在《听蝉》中所说的那样："蝉声无一添烦恼，自是愁人在断肠。"因此王国维在《人间词话》中说道："以我观物，故物皆著我之色彩。"我们也不难明了：五代楚诗人刘昭禹在《闻蝉》一

诗中对蝉发出“莫侵残日噪，正在异乡听”的劝阻，唐代诗人卢殷在《晚蝉》一诗中对蝉“犹畏旅人头不白，再三移树带声飞”的抱怨，唐代诗人姚合在《闻蝉寄贾岛》一诗中对蝉鸣“秋来吟更苦，半咽半随风”的描写，宋代词人刘克庄在《三月二十五日饮方校书园》一诗中对蝉“何必雍门弹一曲，蝉声极意说凄凉”的感受，以上都只不过是诗人各自内心情感的外现与物化罢了。

每当我们读起薛涛的这首《蝉》，总是会不自觉地想起那样一个夏日的午后，一棵挺立了百年的高大梧桐，也许正是少女曾经应父题作诗的那一棵，在它耸入云天的枝叶上，响起了一声清越的蝉鸣。

那调子起得很高，那声音拉得很长。衣袂飘飘，翩然入座，姑射山上的神人素手弹起了琴，冰肌玉骨的指尖碰到了纤细的琴弦，压下，勾起，流波在指间飞舞，一声琴音如同一道光箭，倏忽之间，射向了千里万里之外，千年万年之后。

蝉鸣一声声，从春到夏，由夏到秋，听不尽的缥缈仙声。

梧桐树下的女孩，也穿越春夏秋冬，走过四时变幻，脱去稚气，长成一个能诗能书、会吟会唱的少女。

又一次坐到那颗梧桐树下，秋日晶莹的露水沾湿了衣袖。也许是一件和秋色一般无二的鹅黄色襦裙，贴合着她刚刚发育得丰腴而秀美的身体，也许她还细细梳了妆，瓷白的皮肤上有浓墨勾勒成的双眸，有远山一样的眉黛，有俏丽而挺拔的鼻，唇心上樱桃一点，鲜嫩欲滴。

她低头读书，或抬头远眺——她在父母宠爱的年华，过着舒适

无忧的生活，相伴着挚爱的诗书，这个时候，什么不是美好的呢？

秋露是母亲的手，无言中滋润着天地万物，温柔看护着这一片秋凉、一地枯黄、一种寂寥。蝉声依旧，在这寂静的秋色里，越发显得清澈高远，薛涛抬头看去，明明蝉儿就伏在高树，声音却像来自天外，来自海上仙山。

秋风吹起，落叶飞舞，齐齐摆动，翩然有声。蝉声便是在这样的背景里，一树连着一树，一声接着一声，一曲迎上一曲，天地壮阔般鸣响起来。

然而，蝉儿虽然一声接着一声，却并不栖身于同一枝干。薛涛有此一句，人皆解读为谈诗。唐时诗文流派众多，各家所长不同，如同百鸟争鸣，也似蝉声相接，既各成其美，又一同构成篇章，爱不尽绝妙巧思，翻涌成浩浩诗史。

一个深闺少女，她有心做青史里的一角，唱出一声蝉鸣，化身读书华章里的一段锦。听起来似是妄语，但若干年岁后，她却以自己的努力与才情做到了。

各在一枝栖，比妄语更妄语，是直接与诗文大家们的对谈——我虽然要与你们站在同样的高度，作出同样的贡献，却并不需要去学谁、像谁，我便是我，栖在我自己的枝上，开出不一样的花朵——穿越千百年时光至今，我们的社会尚未能真正接受“个性”一词，是否应感到羞惭？

各在一枝栖，说的不仅是诗文道理，表达的也不仅是艺术追求，更成为薛涛的人生格言。读过了那么多的咏蝉诗，只有她的这

一首，从骨子里便有高洁意，挣脱了世俗、礼教、正统、传承的牵绊，把个性之美提到如此重要的地步。

在往后的坎坷人生中，无论是身陷乐籍也好，流浪边疆也罢，高至为官，低至隐居，薛涛都能泰然处之，因为她的人生就像她的诗文艺术一样，追求的不是与别人一样的平凡安稳，也不是世人所共赞的某种生活。她能够接受异议，能够接受自己和别人不一样，甚至为别人所不容，不仅不会为之焦虑，反而因这不同而拥有难能可贵的个性。正因如此，才有了薛涛，换上其他心性柔弱的女子，可能已在众多波折中香消玉殒，无那机缘去书写经典。

参天梧桐之下，栖着一只幼凰，当她起飞的时候，美羽流泻华章，啭声直上九天。

那一日，我们已然看到。

水荇斜牵绿藻浮，柳丝和叶卧清流。
何时得向溪头赏，旋摘菱花旋泛舟。

——《菱荇沼》

恰逢柳絮纷飞，整个小城如四月飞雪，尽显诗意。路上女子皆戴起帷帽，皂纱随风摇曳，带着几欲乘风而去的飘然，于匆匆行色中隐隐地漏下几缕风情。薛涛此时身量不高，于人群中走动，就如身处上元节（即元宵节），到处皆是假面，恍恍惚惚走不出来，纵使相识，却因一纱之隔也会擦肩而过。

出城往南走数百米，有一条小溪，溪水不深，水自南山而来，清凉而甘甜。薛涛在溪边休息，眼前水荇开在湖中，如同倒置了无数的小伞，飘来飘去。她找了一处浅水摸下去，山泉的冰冷即刻就从脚心窜上脑顶，她不禁打了个冷战。在水底缠绕着的绿藻将腿肚子包围着，有着滑滑腻腻的触感，每走一步就仿佛丝线扯开一些。它与水荇牵连着，摘一朵荇菜并要想方设法将它从绿藻的丝网中剥离出来，这样就常搅得溪流泥土上翻，水波荡漾，浑浊不堪，这时她便庆幸水是流动着的。

午后的太阳有些毒辣，即使林中有叶子的荫庇却也感受到它的威力。孩子的体力还是有限的，注意力也时常会被打散，摘了一会儿，薛涛便觉得枯燥和疲惫了。上岸，找了株柳树，席地而卧，便觉得要睡去了。风在林间窜来窜去，拂面，拂发，拂过她朦胧的睡眼中那垂吊于溪中的柳枝。水面已经恢复澄澈如镜的原貌，在细风中敲打着湖面的柳条，就如同顽皮的孩童，在缓缓流动的泉水中跳跃。薛涛和着春日的暖意，模模糊糊地睡着了。

从童真的梦幻中张开双眸时，天空晴朗得略有些刺眼，耳畔断断续续地传来若有若无的人声。手边已被阳光烘干了表层水珠的荇菜有点蔫蔫的。出来的时辰有点长，再摘几束便该回去了。之前若有若无的人声渐渐变得清晰，裙角摩擦树叶的窸窸窣窣声也越来越响，薛涛站在柳树后，几步开外，一行男女打打闹闹地走到溪边，登上一艘从上游而下的小舟，随后嬉笑着顺溪流往下游去了。

那盼望着长大的小童，裙中包着荇菜，在一片葱茏的山野里望

着人声沸腾的溪头微笑。如含笑出水的莲花，在春日金色的阳光下熠熠生辉。

今日虽玩得开心，却不甚尽兴，薛涛为这春景吟诗，却意犹未尽地说道：哪一日要向那小溪上游，一边泛舟而歌，一边摘那菱花。

她脚下漫过的不仅仅是泉水，也是潺潺流去的岁月。

色比丹霞朝日，形如合浦圆珰。

开时九九知数，见处双双颉颃。

——《咏八十一颗》

蜀中四月，好风好水，正是郊游时候。此时，牡丹、杜鹃、桃花都已经盛开，红的、粉的、白的——花满枝丫，团团簇簇煞是可爱。燕子叽叽喳喳地从南方飞来，衔泥在屋角筑起窝，春色从宅院里生发，一点儿也不安分，争相着窜出墙头，与院外的春色热烈地呼应着。

三九寒冬，未免好奇的性子致她乱跑受寒，薛涛被拘于家中几月，极少外出。守着候着，终于，春来了，她好动的性情早已压抑到极致，再不能抑。任凭她剪下花枝插入瓶中，抑或爬上矮墙往外探看，年少的烂漫心情还是催促着她，要出去，要出去。

童年的无拘无束被时光褪去一些，靠在满是新绿的回廊上，忆起去年今日与家人外出登高，有一丝丝惆怅蓦然从心底生发。少年愁，说起来未免有些好笑，但身在其中的人，却是认认真真地——

认认真真地愁了一秒便忘了。

记忆被睡眠抽空了一格，从蜀中的馨香中醒来时，薛涛已在车上。四月的午后，蜀中城门外倦怠的春色，被一声透着欢喜的惊呼催醒，愈发明亮。少女欢笑如莺啼，只觉得春草越发高了，天也更加广阔了。

小手拉开车帘，凑过头去看，车外风轻云淡，路上皆是踏春游人，女子披帛如云，男子襕袍翻飞，相携游走处一派繁盛景象。远处，连山叠翠，碧波踏浪，其间有朵朵彩块点缀，白云悠悠，纵使巧笔丹青，画不成！

行至山中，人群渐稀，春意更甚，万顷翡翠色。薛涛想起在路上瞧见两个小童脚踏细泥，手捏柳枝，一派山野之趣，可爱得不得了，这时，自己也不禁想做这样的打扮。行至山腰云雾处，她偶见一颗花树，树干高直，其花色泽明艳，堪比丹霞朝日，形状又似合浦圆珰。

花开九九八十一株，满眼皆是成双成对，如鸟儿上下翻飞。百鸟朝凤，凤起九天，这样的壮阔竟在眼前。央父亲告知，乃知这花树名为珙桐，亦名鸽子花。

彼时，恰好有一朵被风从树上扫下，她弯腰拾起，细看此花，花呈紫红色，由雌雄两花瓣组成头状花序，宛如一个长着“眼睛”和“嘴巴”的鸽子脑袋，花序基部两片大而洁白的苞片，则像白鸽的一对翅膀。

再抬头仰望，张张白色的苞片在绿叶中浮动，犹如千万只白鸽

栖息在树梢枝头，振翅欲飞，为湛蓝的天空平添了几许生命力。

张望间，她心中忽地升起一股化作鸟儿的渴望，渴望着背后能生出一对羽翅来，便可轻轻随风而上，俯瞰山川河流，自由翱翔。人类从远古时期就开始的对飞翔的迷恋，在那一刻侵占了她的身躯，仿佛这一程的跋山涉水就为了一瞬的体悟。想飞，想入高空而历四海。

薛涛兴之所至，取笔将诗提在花面上，然后收入囊中。她穿过一颗颗花树，然后一回眸，被理想化的珙桐，就在细风和山色中活了起来。鸟儿纷纷飞起，其中一朵定是她的某个分身，而她一袭红襦裙就这样留在了幼年蜀中的四月里。

天色向晚，驱车回城，从囊中取小笺，托于掌心，珙桐的清香尤缠绕在指尖。车帘猛地被风卷起，手中小笺也随风而去。她呆呆地望着成空的掌心，这里一定有她所不能理解的，也一定有她所无能为力的，不然为何它要与风同归，而又归往何方。

笔者再次宕开一笔，却说这《咏八十一颗》所咏之物，历来争论不休，珙桐之说为新近学者之论，余者有合欢、九九消寒图、荔枝、峨眉山野花、樱桃、红豆、围棋、珠算工具等说，其中珠算工具之说为人所普遍接受，此诗为薛涛幼时学习算术之时的吟咏。

拨动算珠，随着来回翻飞的手指运动，薛涛在父母的悉心教导下背诵着算术的口诀，十指如蝶儿蹁跹，又如鸟燕翻飞。

第四节

《鸳鸯草》——常羡鸳鸯结双侣

绿英满香砌，两两鸳鸯小。

但娱春日长，不管秋风早。

任何一个女子的心中都必定怀有过对爱情的期待和幻想，它如同一朵最明艳的花，开在心底最柔软的角落。作为一个姿容绝艳而又才情出众的女子，薛涛在她生命最美好的年华里，同样保有对爱情诚挚而热烈的追求，她始终企盼着能有一个人来宽慰自己、欣赏自己、怜惜自己。少女的情怀总是这般纯真，在闲暇的日子里想起自己未来的意中人，想起将有一人牵起自己的手看尽春华秋实，而薛涛又是在渴望着一种怎样的爱情生活？她对于爱情的理解是怎样的？或许从这一首小诗中，我们可以一窥她的爱情观吧。

这首诗具体的创作时间已经无从考察，但从字里行间，我们却能够读出薛涛内心深处的一种憧憬，是一种毫无疑问的、对爱情的

强烈憧憬，应当是她年轻时候写下的。这个时候的薛涛正在豆蔻年纪的好时光，一切似乎都是那么平静美好；饱读诗书的她自然也知道，在这世间有一种名为“爱情”的东西令人痴狂迷醉却又不知何解。年幼的薛涛自然还不清楚爱情的滋味，但心中早已生出无限念想。在一个阳光明媚的午后，薛涛来到庭院中，忽然看到迎风舞动的鸳鸯草，于是心有所感，写下了这首《鸳鸯草》。

在春日的庭院中，忍冬花刚刚绽开了绿色的花苞，密密匝匝的花骨朵遍布整个儿台阶。花分两色，一金一银，并蒂而生，相映生辉。淡淡的芬芳在庭院中弥漫开来，让人仿佛觉得这便是爱情的味道了。春风吹拂，而这一片忍冬花也随风起舞，金色和银色的花朵在阳光下碰撞着、摇曳着，就好似成双成对的鸳鸯，畅游在春日的海洋里。鸳鸯草之名由此而来，也是令人陶醉。

这样的画面无疑是美好的，但接下来，薛涛却笔锋一转，继而写道“但娱春日长，不管秋风早”，这两句颇得玩味。这在春风中摇曳生姿的鸳鸯草啊，你们只顾着在旖旎的春日风光里相伴起舞、欢娱一时，却丝毫不去管那肃杀秋风的一朝扫荡何时到来。忍冬花的花期是在春末夏初，所以鸳鸯草纵然欢情起舞，也不能在春日的景色中逗留多久，它们只想趁着这短暂的春日时光尽情欢娱，尽管夏日恍惚间便就过去，尽管之后秋风早已守候多时，尽管凋落枝头是它们最后的命运，它们也要“只争朝夕”，只争那灿烂枝头的一朝一夕。

薛涛在看到这些鸳鸯草时，心中也是感慨颇多。正值青春妙龄

的薛涛自然渴望得到一份完美的爱情，就像这鸳鸯草一般，能够在明媚的春光里尽情挥洒自己的幸福。哪怕秋风相催，但只要绚烂一时，凋落又有何妨？薛涛的心里是怀着这样热烈的情绪的，因为她还不曾体味过爱情的酸辛，也因为她渴盼着有一个人能够走进她的心房。她愿意用自己生命中最灿烂的年华去投身一场轰轰烈烈的爱情，哪怕最终飘零谢尽也无悔无怨。这是薛涛对爱情的决心。

但仅仅是决心而已吗？细细读来，似乎又不单单是纯粹的决心。毕竟欢娱只是一时的，秋风仍旧要来，纵使鸳鸯草意识不到，聪慧如薛涛者岂能觉察不到？是啊，隐藏在决心之下的，正是薛涛对爱情的担忧。后两句固然可以理解成她对鸳鸯草及时欢娱的向往与肯定，但又未尝不能理解为薛涛对鸳鸯草的一种劝诫和提醒：虽然现在春光骀荡、爱情美好，但终究是敌不过一夜秋风、命运轮转的。鸳鸯草纵情享受美好，却没有看到最终迎接自己的是无情的秋风，哪怕曾经璀璨玲珑，不过也是过眼云烟。由爱生忧，薛涛对爱情不全然是憧憬和决心，也有隐隐的担忧在其中：爱情再美好，恐怕也会有凋零的那一天，歌咏爱情的诗句固然很多，但描绘誓言成空、负心见弃的也不在少数；就像这鸳鸯草一般，只懂得畅享春日时光，纵然一时得意，却也难逃秋风摧残，不亦是一种可怜吗？

这种对爱情的决心和担忧，其实都是基于薛涛对爱情的向往和憧憬之上的，毕竟此时的薛涛尚且年幼，也不曾与人恋爱过，自然不知爱情的个中滋味。但命运偏偏就是这么神奇，日后的薛涛在面对爱情的时候，仍如她当初写下《鸳鸯草》的时候那样，满怀着对

爱情的决心，又不时生出对爱情的担忧。

在同一时期，薛涛还写下另一首与《鸳鸯草》相似的诗，便为《池上双凫》（一作《池上双鸟》）。这一首诗较之《鸳鸯草》显得更加明快温馨一些，全诗如下：

双栖绿池上，朝暮共飞还。
更忆将雏日，同心莲叶间。

整首诗出语朴素明快，并无典故和难懂的地方，就像当时薛涛那纯净朴素的心愿一般。前两句描绘的是两只水鸟栖息在碧波荡漾的水池之上的场景，它们出双入对，形影不离，朝朝暮暮共飞同还。这显然是一对恩爱的夫妻，整日腻在一起，仿佛有说不完的情话。诗的后两句则是替水鸟设想，由实入虚，于简单中见章法，才情自现矣。设想的是它们孕育了雏鸟之后的日子，届时一家三口共同在莲叶之间欢快地嬉戏，岂不美哉！这样一幅温馨的图景也让薛涛羡慕不已。

在这首诗中，一对水鸟自然象征着爱情，它们的恩爱预示着爱情的美好动人；而后两句似乎在言说着这样一种心愿：愿得一人心，白首不相离。如果说爱情是一杯醉人的美酒的话，那么薛涛希望的不仅仅是品尝这杯浓酒的甘洌，她更希望得到一个永远的依靠，在她醒时与她唱和吟诗，在她醉时搂她入怀——就这样一辈子该多好。在最初的浓烈和酣畅之后，薛涛如同每一个普通女子一

般，需要一个长久而坚实的怀抱和依靠，就像诗中所描绘的那对凫鸟一样，双宿双飞，恩爱不离，育有一雏，合家欢乐。绚烂之后总要归于平淡，普通的生活依然能够充满趣味，这正是薛涛最终期盼的生活和归宿。这首诗没有热烈的愿景，也没有豪迈的决心，有的只是朴素平淡的相守——这是薛涛对爱情的誓言。

从这两首诗可以看出，正值妙龄的薛涛其实已经怀着对爱情的渴盼了，她希望遇见一个真心倾慕自己的男子，诉衷情，解寂寞，慰孤苦。是啊，此时的薛涛是寂寞的，她渴望有人能够走进她的生命、她的内心，欣赏她的才华，聆听她的心曲。此时的薛涛，对爱情的憧憬是前所未有的，情窦初开的少女有着无限的心事，是一低头的娇羞，是不经意的浅笑，是不足为外人道的秘密。

而只要我们对薛涛的一生稍稍有些了解便会知道，这位唐代第一才女终生未嫁，却有过一次刻骨铭心的爱恋和几段暧昧难言的情愫。薛涛的爱情之路颇多坎坷，最终也未能修得正果，这无疑是可惜可叹的。不过奇妙的是，她后来对爱情的理解就如这两首小诗中写的一般，从来未变。薛涛身遭多变，几经曲折，但一直保持着对爱情的向往和憧憬，直到晚年时看破世事、回归平静。而《鸳鸯草》中那种对爱情的决心则鲜明地体现在她和元稹的爱恋之中：薛涛明知这场爱情将无果而终，但她毅然决然地跳进了这爱的漩涡，虽然有担忧、有愤怒，但还是义无反顾地去爱了。而在和韦皋、段文昌甚至武元衡之间，薛涛更多的是对爱情的担忧，那是面对一堵无形高墙时的无力和无奈，爱情被隐藏在世俗和交际之下，封建和

礼制的藩篱时刻束缚着他们，逼得他们渐行渐远。可怜薛涛才貌双绝，到头来却没有得到一个好的归宿，尚不及那池中双凫，也是千古一恨，让人唏嘘历史上红颜的共同遭际和命运。

不过，写此诗作时的薛涛才刚刚长成，她一生的传奇正要上演。

第二章

堕入乐籍——酬祝迎送妙音曲

世间大凡能留名者，往往命途多舛、遭际曲折。诗者，不平则鸣也。有时候人生逼迫着你去作出选择，因为别无他法。薛涛刚过豆蔻之年，父母就已双双亡故，生活逼迫着她作出选择：堕入乐籍，或者就此贫困而死。选择是残酷的，但薛涛凭着她的才情、智慧和气骨，硬是在理想与现实的夹缝中生存了下来。你能够去改变的不是外在的环境，而是自己的心。心至诚，则希望尚存；心至坚，则尊严尚存。男子尚且不易为之，况一女子乎？有些东西，会随着岁月的流逝而模糊、隐去，然而有些东西，历经千载仍有灼灼光辉。

第一节

《海棠溪》——流落蜀中备艰辛

春教风景驻仙霞，水面鱼身总带花。

人世不思灵卉异，竞将红缬染轻沙。

薛家有女初长成。

八九岁的薛涛已经知晓声律，能对句作诗。性情敏慧，思想开朗，饶辞辩，娴翰墨。这样一个女孩儿无疑是让人喜爱的，她的成长也让父母亲感到高兴。如果这个少女能够一直这样成长下去的话，必定会有一个幸福的归宿：找一个懂她爱她的男子，生儿育女，赌书泼茶，花前赋诗，月下对饮。如果一生平平淡淡，波澜不惊，倒也是一种难求的幸福。

然而，世事的变幻就是如此难以预料。薛涛的父亲薛郧为人正直，敢于直言进谏，得罪了当朝权贵而被贬蜀中。这是薛涛人生中遭遇的第一个变故，这次转折也让她与蜀地结下了不解之缘。

薛涛一家人由此开始了颠沛流离的生活，从繁华的长安城搬迁到那遥远的成都，而薛涛也写下了《海棠溪》这一首诗来纪念这一段艰辛的旅程。

春天让这美丽的景色常驻在仙霞岭，仿若这里就是人间的仙境，常年春光氤氲，美不胜收。一阵柔和的春风吹来，春花飘摇，落红成阵，水面上和鱼儿的身上沾染了飘落的花瓣；春风不绝，落花不止，处处都是碎红的踪迹。人活一世，不去思考那山间充满灵异的花卉植物的殊胜之妙，却都争相用带着红色花纹的绢缬去淘染水中的轻沙。

诗中的仙霞岭位于浙东一带，风光殊胜。但薛涛一家若是从长安出发去四川的话，应当是不会经过浙东一带的，因而有人推测说薛涛的出生地并不在长安，应当在江浙一带。此外，薛涛后来有一首名为《乡思》的诗，其中有“何日片帆离锦浦”一句，似言从水路归家；薛涛的一些诗歌经常用到江南的一些意象，种种关联似乎都说明薛涛与江南有着密不可分的联系。不过这些都只是推测而已，并没有确凿的根据。也有可能是薛涛的父亲担心女儿受不了鞍马劳顿，亦或许薛涛想去江南游玩一番，总之一家人很有可能取道浙东，从水路到达四川。

薛涛一家人跋山涉水、历尽艰辛，终于来到了蜀中，《史记》称“此所谓金城千里，天府之国也”。不过蜀地道路的艰辛也是出了名的，唐代大诗人、诗仙李白就曾据此作《蜀道难》流传千古，诗曰：

噫吁嚱！危乎高哉！蜀道之难，难于上青天！

蚕丛及鱼凫，开国何茫然！

尔来四万八千岁，不与秦塞通人烟。

西当太白有鸟道，可以横绝峨眉巅。

地崩山摧壮士死，然后天梯石栈相钩连。

上有六龙回日之高标，下有冲波逆折之回川。

黄鹤之飞尚不得过，猿猱欲度愁攀援。

青泥何盘盘，百步九折萦岩峦。

扪参历井仰胁息，以手抚膺坐长叹。

问君西游何时还？畏途巉岩不可攀。

但见悲鸟号古木，雄飞雌从绕林间。

又闻子规啼夜月，愁空山。

蜀道之难，难于上青天，使人听此凋朱颜。

连峰去天不盈尺，枯松倒挂倚绝壁。

飞湍瀑流争喧豗，砯崖转石万壑雷。

其险也若此，嗟尔远道之人胡为乎来哉！

剑阁峥嵘而崔嵬，一夫当关，万夫莫开。

所守或匪亲，化为狼与豺。

朝避猛虎，夕避长蛇；磨牙吮血，杀人如麻。

锦城虽云乐，不如早还家。

蜀道之难，难于上青天，侧身西望长咨嗟！

后来薛涛的诗集就命名为《锦江集》，据传有诗五百余首，可惜没有流传下来。

从此，薛涛便在蜀地安家落户了。然而不幸的是，没过几年，薛涛的父亲薛郧因出使南诏而染上了瘴疠，不久便离世了。这个时候，薛涛年仅十四岁。父亲的死亡对薛涛的打击是巨大的，那个曾经呵护她、照料她、和她在梧桐树下吟诗的伟岸身影离去了。薛涛大哭了一场，那个时候她年纪还小，还不懂得死亡的含义，她只知道一个重要的人离她而去了，而且再也见不到了。

薛郧的辞世对薛涛心灵的打击无疑是最大的，而且薛涛一家在生活上也面临着窘境。薛郧为官正直，家境也就算得上殷实，现在他一死，家道也就此中落，薛涛和母亲相依为命，过起了贫穷的生活。当时的社会也动荡不安，多处叛乱搅乱时局，朝廷开始处理各地藩镇割据的局面，母女俩在蜀中也是小心翼翼，安分过活。

阑边不见蘘蘘叶，砌下惟翻艳艳丛。

细视欲将何物比，晓霞初叠赤城宫。

——《金灯花》

自父亡后，久居屋中，如今宅子无人打理，荒芜许久，看着满目破败。檐角不知名的蛛儿结起了网，蛛丝密密地交叠着，误入其中的飞虫怕是在劫难逃。栏杆上挂着的鸟笼敞开着，鸟儿早已飞走

了，只留下空空的笼子在风中晃荡。从回廊穿过，院里了无人气，往日的嬉闹早已散去。日头还没升上来，万物都在静默着，雾气在宅内流动着，寒意从肌肤缓缓地透到心里去。

她推开宅门，“吱呀”一声，门上落下一片灰尘。今日，她要去为亡父扫墓。

到郊外墓园时，晨光已经熹微，透过忽明忽暗的光，可以看到不远处父亲的墓地。昨日下雨，雨水侵蚀着他的冢，遮盖在他坟头的是一株她爱的珙桐树。今日，天晴了，杂草疯长，远远看去荒凉凄清，心开始抽痛。珙桐树已过花期，没有因她的悲伤而停留在四月里。森然的现实如寒剑直插入心，所有的心痛和不安在此刻仿佛都重新催生。四月初下葬，如今已是九月，她这才意识到，父亲是真的离开了。

她忘不了，曾含着泪用颤抖的双手将棺木埋葬；忘不了，跪在坟头亲手栽下鸽子树，抬头仰望，一切仿佛回到多年前与父郊游时初见它；忘不了，父亲新月般明亮的双眼阖上时，那片温柔里她是最后的影像。

习惯了在墓边的凉亭静静地坐着，仿佛这样就能多留住父亲片刻。凉亭四周已经不见丛丛囊叶，它们消失得突然，无声无息。取而代之的是人片艳丽的花，蔓延了整个坡地。她如同身处一场诡谲的梦，悠长而美丽，不愿醒来。她忽然看到，父亲从花海的一端微笑着向她走来，像往常一样，在每个黄昏霞光绽放时，她站在宅子门口迎他回来。可是，父亲在几步外停下了。浮云缓缓散开，他与

她隔着花海，就这样笑着笑着，然后幻化成无数游离浮动的光斑，融进了霞光里。纵使她飞奔过去，拼命想拉住他，可是透明的空气里，却再也捕捉不到父亲的丝毫气息。在生与死的分界前，谁的爱也挽不回。

她瘫坐在花丛里，眼泪喷薄而出。整个旷野，在此刻都见证了她最为痛彻的失去。

山风掠过，花海浮荡。她抬头，模糊的泪眼中，金灯花根茎直立，花朵盛开在花茎顶端，针形花瓣倒披，向后开展卷曲，摇摇曳曳，孤绝而凄美。她忽然记起，父亲讲过，在遥远的东部，靠近大海的地方，有一座覆盖着赤土的高山，山上有一座状似云霞，望之如雉堞的宫殿，想来，与金灯花很像吧。

金灯花是一种十分奇特的植物，于山野中盛放，在百花烂漫的春光中只见叶子不见花，到了夏末初秋，百花凋尽，金灯花的叶子也随之枯萎，尔后从众多鳞茎中独生出一茎，斜于一侧独自盛放。叶出不见花，花开不见叶，花叶生生两不见。它们的生命无半刻相聚，与它们相比，她该庆幸。

而金灯花一枝花开五六朵，多者约十朵，纷纷列作球状。蒴果如灯笼般下垂。《花镜》中载：“深秋独茎直上，未分数枝，一簇五朵，正红色，光焰如金灯。”如今她已亭亭，便只剩她与母亲，生活也还要继续。她必须撑起身子，悍然面对这世界。她起身，将眼泪抹去，那一刻，她如蛹破茧而出，将褪下的所有稚嫩、依恋和悲伤都埋在这片花海里。等花落，来年叶子发，便无人再知晓。

宿命以她父亲的去世为节点，将她推入一场已成定局的跌宕人生。而在被历史抹去的遥远的清晨，那一道倩影于万花丛中坚定地渐行渐远，最后消失在薄薄的雾气里。

薛涛发现，这花儿有着“不与百芳同”的清峻姿态，不争花期，不惜绿叶，不喜聚众，独自于清秋落叶时凌霜盛放，于山野中不顾赏花者来否。如此姿态，深深地打动了薛涛，也为她孤傲的性格注入了一分顽强的信念。

上天似乎妒忌薛涛的美好童年和惊艳才情，在失去父亲之后，没过多久，积劳成疾的母亲裴氏也离薛涛而去。这个时候薛涛只有十五六岁，正是少女最美好的时候，却接连遭遇人生的打击，薛涛曲折的一生就此展开。她小时候就经历了常人难以经历的苦难，心智早熟，但纵然她才情高绝、美丽睿智，可在这男性的社会中要如何生存下去？薛涛一人孤苦伶仃，她将如何选择接下去的人生？

第二节

《谒巫山庙》——风流自是高格调

乱猿啼处访高唐，路入烟霞草木香。
山色未能忘宋玉，水声犹似哭襄王。
朝朝暮暮阳台下，为雨为云楚国亡。
惆怅庙前无限柳，春来空斗画眉长。

贞元元年（公元785年），薛涛十六岁，接连遭受人生打击的她迫于生计，无奈加入乐籍。

乐籍制度始于北魏，终于清雍正元年（1723年），官府将罪民、战俘等群体的妻女及其后代籍入专门的贱民名册，迫使她们世代从乐，是谓乐籍。乐籍中的女子，其身份普遍卑贱，甚至有些沦为奴隶，几与物品等同，专供达官贵人们享乐。但不可否认的是，女乐作为乐籍制度发展过程中的重要因素和乐籍群体的重要组成，她们广泛参与了传统社会中的大部分音乐活动，并承担起中国传统音乐

文化的主脉。

到了唐代，教坊迅速发展起来，主要负责管理俗乐，使得乐籍制度更加完善、契合。教坊成了当时乐籍制度下的女乐生存和执业的场所。在乐籍制度下，有“女记小令三千”，可见唐朝乐籍的繁盛。

那时的薛涛已经一无所有，除了容貌和才情，她这样一个弱女子，要如何在残酷的社会中生存？薛涛想活下去，但也不想失去自己的人格和操守，所以她选择了加入乐籍，选择了伪装自己去穿梭在无聊的酒席之间，选择了用自己的才情和智慧去抵御人生的浪潮。薛涛工音律、善诗文，有着一张姣好的面容，凭此她足以在乐籍中立足扬名。

出身官宦的闺阁女子沦落风尘，有着绝美无双的面容，才能过人，诗文俱佳，聪慧贤淑，自然引得无数王孙公子、文人墨客前来一睹风采。就这样，薛涛出名了。

同年六月，韦皋出任剑南西川节度使。

说到韦皋，那也是个传奇人物。韦皋，字城武，唐京兆万年（今陕西西安）人。荫承祖先的功勋，被任命为建陵挽郎，继而擢升为监察御史。因在泾原兵变时助朝廷平叛有功，授御史大夫、陇州刺史，置奉义军，拜节度使。唐德宗还都后，召为左金吾卫将军，不久升迁为大将军。贞元初任剑南西川节度使，此后镇蜀二十一年，共击破吐蕃军队四十八万，不但将蜀地治理得井井有条，而且辅佐太子登上皇位，最后授封南康郡王。

韦皋上任之初，就听闻有一个诗伎貌美而才高，遂召而见之，

而此人正是薛涛。韦皋为了试探薛涛是否真有才情，在宴会上命她即席赋诗。薛涛并不推辞，接过纸笔略一思忖，便写下了《谒巫山庙》这首诗。

韦皋惊讶于薛涛的从容淡定，仿佛这世间的喧嚣与她并无关系，而等到他拿过墨痕未干的《谒巫山庙》时，心底不禁连连赞叹：好字好字！好诗好诗！原来她不是那惯弄风月、附庸风雅的媚俗女子，想不到她的才情竟如此之高，格调竟如此之雅。

这是一首怀古诗，风尘女子能做此等题，足见其非凡。首联写景，状巫山庙所处之环境，一路拾级而上，目之所及俱是烟霞茫茫，乱猿啼鸣声不绝于耳，空气中飘散着草木的香气，让人不禁怀想起悠悠的历史。颔联触景生情，看着这层层山色，听着这潺潺水声，不觉恍惚起来，一个“哭”字照应首联之“乱猿”，营造出一种悲戚高壮的氛围。巫山的景色让人不由得想起宋玉和他《高唐赋》中的内容来：

昔者楚襄王与宋玉游于云梦之台，望高之观，其上独有云气，崒兮直上，忽兮改容，须臾之间，变化无穷。王问玉曰：“此何气也？”玉对曰：“所谓朝云者也。”王曰：“何谓朝云？”玉曰：“昔者先王尝游高唐，怠而昼寝，梦见一妇人曰：‘妾，巫山之女也。为高唐之客。闻君游高唐，愿荐枕席。’王因幸之。去而辞曰：‘妾在巫山之阳，高丘之阻，旦为朝云，暮为行雨。朝朝暮暮，阳台之下。’旦朝视之，如言。故为立庙，号曰朝云。”王曰：“朝云

始楚，状若何也?”玉对曰：“其始楚也，榯兮若松榯；其少进也，晰兮若姣姬，扬袂鄣日，而望所思。忽兮改容，偈兮若驾驷马，建羽旗。湫兮如风，凄兮如雨。风止雨霁，云无所处。”王曰：“寡人方今可以游乎?”玉曰：“可。”王曰：“其何如矣?”玉曰：“高矣显矣，临望远矣。广矣普矣，万物祖矣。上属于天，下见于渊，珍怪奇伟，不可称论。”王曰：“试为寡人赋之!”玉曰：“唯唯!”

颈联接“宋玉”和“襄王”而来，评述历史，冷静中见睿智。楚国正是这样耽于享乐而导致亡国悲剧的，现在只剩下残垣断壁供人悼念。联系周遭荒寂的景象，历史的沧桑和世事的无常之感顿时浮现出来。尾联借景抒怀，想象妙绝。这巫山的云雨看了多少次庙前杨柳的衰荣繁枯，在一个个春秋的轮回中消磨尽胜败荣辱，只有杨柳在春光中要与女子的娥眉争个短长。一个“空”字，寂寞之极，无奈之极。《名媛诗归》对此评价道：“惆怅”二句不但幽媚动人，觉修约宛退中，多少矜荡不尽意。整首诗都透着一种悲壮和苍凉的感觉，最后一笔以柔媚带出，更觉有不尽之意，怀古之高致令人追思怅惘。

这样一首诗出现在唱和的席间是不多见的，而且它还出自一个女子之手，就更加不得不令人称奇。然而，这首诗出现在薛涛身上却并不奇怪，因为她本就这样一个女子—— 一个出淤泥而不染的女子，一个在杯酒谈笑间仍旧保持着自己独立追求的女子，一个在乱世红尘中展开美丽雀屏、自由翱翔的女子。

第三节

《酬文使君》——虽非吾意其奈何

延英晓拜汉恩新，五马腾骧九陌尘。

今日谢庭飞白雪，巴歌不复旧阳春。

唐朝，在史书中被“自由”、“开放”、“平等”等词语修饰着，然而尽管如此，女子的境况也并未得以实质性的扭转。“未嫁从父，既嫁从夫，夫死从子”，古往今来的礼制不断地加强着“女子需要攀附着男子才能存活”这一观点。而“女”字，在甲骨文中，如同一个敛手跪坐的人，规规矩矩，姿态谦卑。

在古代，女子想在人世间活出自我是极其不易的。自幼年丧父、家道中落之后，薛涛无奈堕入乐籍，独自撑起门户，她几乎是以一人之力，在与外界对抗着。其间冷暖，只怕在午夜梦回时的泪眼里，外人才能窥见一丝一毫。十六岁对于一般的女子来说，正是

最美丽的年华，青春的容颜和绚烂的爱情在此时开得最盛。而对于薛涛，便是站在门槛上：一只脚在内，一只脚在外，挣扎着，抗拒着，却又不得不接受着。

不过万幸的是，薛涛用她的才情征服了节度使韦皋，一首《谒巫山庙》令韦皋大为激赏，她得以从众人中脱颖而出，为自己的将来铺平了一些道路。

薛涛在韦皋的眼中是与众不同的，他觉得她的气质和文采不是寻常诗伎可以比拟的，便对薛涛另眼相看起来。此后，每当帅府中有贵客举行酒宴时，韦皋便会召薛涛前来侍宴赋诗。由于韦皋声名在外，帅府中贵客、酒宴不断，薛涛也因此得以频繁出入帅府，成了席间常客，被许多人看成蜀中重大交际场合不可或缺的人物。

薛涛由此开始了她独特的诗伎生活。每逢节日宴会，韦皋召薛涛前去，或是奏曲助兴，或是与人唱和，薛涛也因此见识了很多世面，体验了很多世故人情。这一段生活经历让薛涛彻底脱去了小儿女的情态，心智上迅速成熟，逐渐步入男性主导的社会。

这首《酬文使君》便是薛涛在席间与人唱和时所作，可能是韦皋为了给这位新上任的太守大人接风洗尘而办了一场酒席，请薛涛来为这位风尘仆仆的文使君题诗一首。薛涛自然是做惯了这种事情，不假思索，当筵命笔，写下了这首《酬文使君》。

这是一首典型的席间酬赠的诗作。

前两句是在极力赞颂这位文使君的光辉事迹。说他曾迎着霞光跪在延英殿前，接受大唐皇帝的恩典，是御前得力的有志之士；也

曾驾着象征刺史的五马之车，奔驰于长安城的繁华街道，荣显一时。用词恢弘大气，典雅华贵，充分衬托出这位文使君大人的荣耀与显赫。

后两句则回归当下，回到现在正在进行的酒宴和唱和。此处用的“谢家咏雪”之事，是千古流传的佳话。《世说新语》中有载：“谢太傅寒雪日内集，与儿女讲论文义。俄而雪骤，公欣然曰：‘白雪纷纷何所似？’兄子胡儿曰：‘撒盐空中差可拟。’兄女曰：‘未若柳絮因风起。’公大笑乐。即公大兄无奕女，左将军王凝之妻也。”

《晋书·列女列传·王凝之妻谢氏》中也有相似记载：“王凝之妻谢氏，字道韫，安西将军奕之女也。聪识有才辩。叔父安尝问：‘毛诗何句最佳？’道韫称：‘吉甫作颂，穆如清风。仲山甫永怀，以慰其心。’安谓有雅人深致。又尝内集，俄而雪骤下，安曰：‘何所似也？’安兄子朗曰：‘散盐空中差可拟。’道韫曰：‘未若柳絮因风起。’安大悦。”

谢道韫的一生也是坎坷多难，令人唏嘘。而薛涛与谢道韫的生活轨迹十分相似，两人皆是出身名门，幼时生活幸福，才情超卓，貌美聪慧。历经波折后，两人同样选择了归隐的生活，谢道韫隐居家中，而薛涛隐居在浣花溪畔。谢道韫的婚姻生活并不如意，而薛涛终身未嫁，几段爱情都不如意。两人同为女子，都感到对自身命运的无力把握，是啊，她们终究只是女子，在男人的眼中是要遵循男人定下的规则的。谢道韫也许有过自己倾心的男子，但是碍于家族的门户，只能嫁给了无能的王凝之；薛涛孤身沦落街头，只能被

迫加入乐籍，后虽得韦皋赏识，却仍旧只是一个侍宴的诗伎，整日去做一些自己都看着心烦的唱和应酬之作。她们有着不输于男性的才情和智慧，却只能依附在男人身上而生存，这不得不说是时代的悲哀、女性的悲哀。

回到《酬文使君》一诗。末句“巴歌”似有别指，四川即巴蜀之地，“巴歌”或许也是指蜀地之歌，暗示现在文使君来到了蜀中。那么与此相对的，“阳春”也有可能指的是长安城的音乐，暗指文使君或许曾在长安为官。文使君此番来蜀，可能是被贬谪至此，而薛涛在面对这种情况时，十分巧妙地回避了这些话题，只说文使君昔日是何等的光辉显耀，而现在来到蜀中，自己有幸躬逢盛会，在席间得以与文使君大人相酬唱。这就体现出了薛涛的聪慧之处，为人处世尽皆谨慎小心，这也是这个残酷社会对她的磨炼。

这首诗并没有什么真情实感，一看便知是随意写的应酬之作，只需写得光辉灿烂、宾主尽欢就好，哪里需要什么心灵的触动、灵魂的震颤。而类似于这首《酬文使君》的作品，在薛涛所有的诗作中占据着不小的比例，可见薛涛这一段生活过得多么艰难，她的才情被无端浪费在这种酬唱迎合的场面上，真正的心理的活动和想法却让我们难以窥知。不过这又有什么办法，生活逼迫着薛涛走上了这样一条道路，她只能去赌、去拼，并且义无反顾地走下去。

第四节

《和李书记席上见赠》——当筵命笔有令辞

翩翩射策东堂秀，岂复相逢豁寸心。

借问风光为谁丽，万条丝柳翠烟深。

薛涛逐渐适应了“诗伎”的生活，然而这样的生活，却是非她所愿的。

整日往来于觥筹交错之间，生活就如同一只色彩浮艳的高脚玻璃杯，人则浮沉在虚名浮华的泡沫之中，不知何时破碎。生活就像一场白日梦，没有一丝一毫的色彩，行尸走肉般穿梭往返。每当在夜的深处醒来，就会发现自己两手空空、一无所有，过着不真实的日子，仿佛脚踏棉花，不知何时就会坠入虚妄的深渊。

这样空虚寂寞的生活，它只是为了生存啊！是如此的卑微和无奈，是如此的艰辛和苍凉，人间百态，薛涛年纪轻轻就已经尝遍了。虽然每天的状态都有违自己的心意，但却是不得不进行的生存

战斗。

有时候薛涛得闲，看着街上楼下往来的人流，她多么想投入进去成为他们中的一员啊！他们虽然庸碌平淡，但这恰恰就是世俗生活的甜蜜啊。薛涛曾经有过这样安逸的生活，但已经一去不复返了。

薛涛每天面对的都是不同的人，却有着相似的面孔和表情。她遇到形形色色的人，与无数人唱和吟诗，做着近乎麻木的思考。不过薛涛的才情终究是高出常人许多，即便是在这种即席唱和的诗作中，她有时也能稍作巧思，使应酬诗看起来不那么板滞，带着一点活泼的色彩。

譬如这一首《和李书记席上见赠》。

这是一首和诗，当时应当是李书记在酒宴上赋了一首诗，而韦皋则令薛涛唱和一首，便有了此诗。起句平平，是一般唱和诗的写法，写风度翩翩的李书记在应试中发挥出色，取得了优秀的名次，令人艳羡；但下一句笔锋突然一转，说难道有再次相遇的时候就会豁出真心的吗？这一句可能是针对李书记的诗而言的，所以并不清楚到底指的是什么。“借问”句宕开一笔，写楼外春光明丽，可春光是为谁而明丽？末句以景作结，写河边柳树深深，万千丝绦飘荡交缠，织成一派迷离的青烟，朦胧幽深，难以窥见。这似乎是对李书记进行劝诫，说人心难测；又仿佛在说春色自明，不待他人言说。个中深意，需细细体会。

这一首诗略微不同于其他的诗作，带着一点柔媚的婉约，需要人细细品读，方才能见得深意。

其他如《酬吴使君》：

支公别墅接花扃，买得前山总未经。

入户剡溪云水满，高斋咫尺蹑青冥。

“支公”即晋高僧支遁，字道林，时人也称“林公”，后用来泛指高僧。“扃”在此是门户之意。剡溪是水名，即曹娥江的上游，在浙江嵊县南。唐李白《梦游天姥吟留别》中有“湖月照我影，送我至剡溪”。高斋常用作对他人屋舍的敬称。唐孟浩然《宴张别驾新斋》诗曰：“高斋徵学问，虚薄滥先登。”青冥在此即指青天。此诗颇有意趣，给人一种活泼开朗的感觉，剡溪的云水似乎就要从窗户中流淌进来，想象奇俊。整首诗清新高远，境界开阔，读之使人神清气爽。

又如《酬祝十三秀才》：

浩思蓝山玉彩寒，冰囊敲碎楚金盘。

诗家利器驰声久，何用春闱榜下看。

浩思犹遐想、畅想。唐韦应物《西郊燕集》诗曰：“盛时易徂谢，浩思生飘飖。”蓝山即蓝田山，骊山之南阜也，山出美玉，亦称玉山。利器比喻英才。春闱是唐宋礼部试士和明清京城会试，均在春季举行，故称春闱，犹春试。此诗酬一秀才，写得气魄高远、

胸襟开阔，非常人能及。此等情怀真可直追诗仙李太白的风骨气概，其《南陵别儿童入京》诗云：

白酒新熟山中归，黄鸡啄黍秋正肥。
呼童烹鸡酌白酒，儿女嬉笑牵人衣。
高歌取醉欲自慰，起舞落日争光辉。
游说万乘苦不早，著鞭跨马涉远道。
会稽愚妇轻买臣，余亦辞家西入秦。
仰天大笑出门去，我辈岂是蓬蒿人。

再如《酬雍秀才贻巴峡图》：

千叠云峰万顷湖，白波分去绕荆吴。
感君识我枕流意，重示瞿塘峡口图。

贻即赠送。荆吴是指春秋时的楚国与吴国，后泛指长江中下游地区。枕流喻隐士之情志高洁坚卓也，用了"枕流漱石"的典故。刘义庆《世说新语·排调》中载："孙子荆年少时欲隐，语王武子当枕石漱流，误曰漱石枕流。王曰：'流可枕石可漱乎？'孙曰：'所以枕流，欲洗其耳；所以漱石，欲砺其齿。'"后以喻隐居山林。这一首酬赠诗在内容上也颇为有趣。薛涛擅书法众所周知，但薛涛的绘画如何却没有相关资料证明。不过从这首诗看来，薛涛似乎是

懂画的。这是薛涛酬谢雍秀才赠画而写的诗吗？或是如同而今，是画家之间以画易画、相互交流？第一、二句是对雍秀才“巴峡图”气势磅礴画面的生动描述和赞美，而第三、四句则是“补述”雍秀才向自己赠送“峡口图”的缘由，并以诗感谢雍秀才对自己“枕流”（归隐）之意的理解或支持。自古书画不分家，恐怕薛涛的绘画技艺，绝不逊色于她的书法。正因如此，像雍秀才这样画艺高超的画家，才乐于与她以画相赠或者相互切磋画艺，这也就是顺理成章的事了。

薛涛的才气有目共睹，更有敏捷的才思。《唐语林》里就记载了薛涛的一件趣事。有一次黎州刺史举办宴会，提议行《千字文》令。这个酒令的令格是，取《千字文》一句，句中应带有禽鱼鸟兽之名。刺史率先做示范行令说道：“有虞陶唐”，说罢便看着薛涛，她应声道：“佐时阿衡。”刺史一下就站起身，哈哈大笑：“你这四个字里没有鱼鸟，当罚酒一杯！”薛涛淡定自若，笑着回答说：“我这句里‘衡’字中间有一条小鱼，刺史大人的‘有虞陶唐’中，才是连一条小鱼都没有呢。”众人一闻，哄然而笑，皆佩服薛涛才思敏捷。

高崇文出任剑南西川节度使时，一次在宴会上行酒令，要求“须得一字象形，又须逐韵”。高崇文先行令说：“口似没梁斗。”薛涛当即接道：“川似三条椽。”高崇文抓住了她的“小辫子”，幽默地说：“你这三条椽子，第一条怎么是弯的呢？”薛涛抖了个机灵，答道：“您西川节度使这么大的官，用的都是没有梁的斗。我

不过是一介贫寒的女子，家里的椽子有点弯，有什么好奇怪的呢？”众人听了，不禁大笑。

这一类酬唱诗在薛涛的诗集中是占有一片不小的席位的。虽说是唱和之作、酬祝往来，却也不时地流露出薛涛的过人才情和智慧。在这个虚华的名利场上，薛涛步步为营，小心谨慎地生存着。

第三章

扫眉才子——唱和吟诗无雌声

“千古才情自高格，一朝风月空嗟叹。谁解怜取小儿女，寂寞高楼扶阑干。”总有些人生时寂寂，死后灼灼；也有些人生时显荣，死后黯淡；还有些人生前身后声名俱流传在外，但能理解他（她）的人却少之又少，也许千百载之后，有人能从遗留下来的诗篇中寻得些蛛丝马迹，略微窥得一点高楼上那独自徘徊的身影。薛涛身为女子，却不得不暂栖于男人的檐下，求一些生存的可能。她白日似梦，只有深夜梦回时才得一丝清醒，对月浩叹。她笔下的诗篇，闪着寂寞的清辉，在星月都失色的漫漫长夜，慰藉着孤独上路的旅人。

第一节

《和刘宾客玉蕣》——扫眉才子领春风

琼枝的皪露珊珊，欲折如披玉彩寒。

闲拂朱房何所似，缘山偏映月轮残。

薛涛在帅府之中见识到了很多人，名气逐渐大了起来。有很多文士纷纷慕名前来，也有的直接寄诗给薛涛。薛涛也仰慕一些诗人的风采，有与他们遥相唱和的诗篇，一时传为美谈。这其中有一位非常重要的人物，也是当时声名显赫的大诗人，也就是诗题中的“刘宾客”——刘禹锡。

刘禹锡是中山靖王后裔，自称“家本荥上，籍占洛阳”，又自言系出中山（今河北定州）。刘禹锡出生在洛阳，十九岁左右游学长安。贞元九年（公元 793），他与柳宗元同榜登进士第，接着又登宏词科。贞元十一年（公元 795 年）登吏部取士科，授太子校书，开始踏上仕途。五年之后入杜佑幕掌书记，参与讨伐徐州乱军。顺

宗即位后，任用王叔文等人推行一系列改革政策。时任屯田员外郎、判度支盐铁案的刘禹锡与王叔文、王伾、柳宗元同为政治革新的核心人物，称为“二王刘柳”。革新失败后，刘禹锡自此一路被贬，直至宝历二年（公元 826 年）冬从和州奉召回洛阳，二十三年的贬谪生涯才宣告结束。大和元年（公元 827 年），刘禹锡任东都尚书，后历官苏州、汝州、同州刺史。刘禹锡晚年回到洛阳，任太子宾客加检校礼部尚书，与朋友交游赋诗，生活闲适，死后被追赠为户部尚书，世称刘宾客、刘尚书。在诗歌创作方面，刘禹锡生前与白居易齐名，世称“刘白”；白居易则称他为“诗豪”，推崇备至。有诗集十八卷，今编为十二卷，有《刘宾客集》存世。

由此可以看出，刘禹锡被人称为“刘宾客”是在其晚年的时候，而彼时薛涛已殁，所以有人考证这首诗的题目应当被后人改过。

既然是和诗，那么刘禹锡应当也写过一首类似题材的诗歌，若是我们仔细阅读刘禹锡的诗歌，确实能够发现其中一篇与“玉蕣”相关，其诗名为《伤秦姝行》：

长安二月花满城，插花女儿弹银筝。南宫仙郎下朝晚，曲头驻马闻新声。

马蹄逶迟心荡漾，高楼已远犹频望。此时意重千金轻，鸟传消息绀轮迎。

芳筵银烛一相见，浅笑低鬟初目成。蜀弦铮摐指如玉，皇帝弟

子韦家曲。

青牛文梓赤金簧，玫瑰宝柱秋雁行。敛蛾收袂凝清光，抽弦缓调怨且长。

八鸾锵锵渡银汉，九雏威凤鸣朝阳。曲终韵尽意不足，余思悄绝愁空堂。

从郎镇南别城阙，楼船理曲潇湘月。冯夷蹁跹舞渌波，鲛人出听停绡梭。

北池含烟瑶草短，万松亭下清风满。秦声一曲此时闻，岭泉呜咽南云断。

来自长陵小市东，蕣华零落瘴江风。侍儿掩泣收银甲，鹦鹉不言愁玉笼。

博山炉中香自灭，镜奁尘暗同心结。从此东山非昔游，长嗟人与弦俱绝。

在正诗之前还有一段引语：河南房开士，前为虞部郎中，为余语曰："我得善筝人于长安怀远里。"其后开士为赤县，牧容州，求国工而诲之，艺工而夭。今年开士遗余新诗，有悼佳人之句，顾余知所自也，惜其有良妓，获所从而不克久，乃为伤词以贻开士。

刘禹锡这首歌行体的诗篇是感念友人及其良妓所作，其中"蕣华零落瘴江风"一句合薛涛"玉蕣"之说。在这首诗中，刘禹锡追念了这个良妓的一生，暗自感叹她多舛的一生，最后人去弦绝，哀音绕梁。这很容易让我们联想起同时期的大诗人白居易那千古传唱

的名篇《琵琶行》，现摘录其中描写歌妓命运的一段如下：

自言本是京城女，家在虾蟆陵下住。
十三学得琵琶成，名蜀教坊第一部。
曲罢曾教善才伏，妆成每被秋娘妒。
五陵年少争缠头，一曲红绡不知数。
钿头云篦击节碎，血色罗裙翻酒污。
今年欢笑复明年，秋月春风等闲度。
弟走从军阿姨死，暮去朝来颜色故。
门前冷落鞍马稀，老大嫁作商人妇。
商人重利轻别离，前月浮梁买茶去。
去来江口守空船，绕船月明江水寒。
夜深忽梦少年事，梦啼妆泪红阑干。

同样是歌行体，同样是描写歌妓，相似的命运，共同的叹息。想必薛涛读到这些诗篇的时候，也是“心有戚戚焉”吧。似乎每一个堕入乐籍的女子，都有着相似的命运，她们有着美貌与才情，但在男人的眼中也许不过是玩物，偶尔有人能够赏识她们，却也无法改变她们的命运。自古红颜多薄命，这并不是一句无谓的感叹，而是建立在无数女子牺牲之上的真实叹息啊。

薛涛有时也会不禁想起自己以后的命运：是就此终老一生、孤苦无依，还是年老色衰嫁作商人之妇，抑或是有人相知相守、携手

此生？薛涛自己也不知道，她只知道现在的生活绝不是她想要的，而在席间与那些达官显贵们唱和赋诗也是为她所不齿的，可这又有什么办法？为了生存下去，薛涛不得不装出一副“巧笑倩兮，美目盼兮”的姿态，游走在庸俗而谄媚的人群之中，然而心中真正所想的却是“知我者谓我心忧，不知我者谓我何求”，是“我心伤悲，莫知我哀”啊！

所以薛涛才会分外感叹刘禹锡诗中写的“蕣华零落瘴江风”吧，因为她自己也不知道何时便如木槿花般迅速凋落了，因为一瞬间的事，任何时候都可能来临的吧。朱颜易逝，青春难再，那个时候自己的命运会何去何从？心有所感，便写下了这首《和刘宾客玉蕣》，哪怕她与刘禹锡未曾谋面。

这首诗咏的便是玉蕣，即木槿花。前两句描摹木槿花的形态，“琼枝”、“的皪”、“珊珊”、“玉彩”等词都是在极言木槿花可爱、晶莹的姿态，明媚的花颜灼人目光，花瓣上还沾着清晨的露珠，愈显娇媚动人。后两句笔锋一转，设喻作结，含不尽之意。“闲拂朱房”暗含时光流转，能够看到深红色的花心，说明花期将近，木槿花即将凋谢，而此时的花朵就像那一轮残月照映着青山，哀愁凄婉，潸然泪下。

薛涛写这首诗的时候，必定是想到了自己，想到了自己身世飘零似雨打浮萍，想到了自己青春易逝似玉蕣朝夕，想到了自己纵然才情高绝也难逃命运的捉弄。故而此篇读之泫然欲泣。

薛涛诗名渐盛，很多文人开始与她唱和往来。后来，诗人王建

写了一首《寄蜀中薛涛校书》送给薛涛，以此来称赞她的才华，表达自己的仰慕之情：

万里桥边女校书，枇杷花里闭门居。

扫眉才子于今少，管领春风总不如。

从此之后，“扫眉才子”的称呼就流传开来，这也充分表明了薛涛的才情是足以令须眉汗颜的。甚至在后世，“扫眉才子”就直接成为“才女”的代名词，足见薛涛影响之巨。在后人的诗篇中，我们也能时常看到“扫眉才子”的典故。

如元代诗人元好问的《虞美人》：

樱桃元是仙郎种，次第芳菲动。开残山杏没都红，一树梨花如雪月明中。

三生蝶化南华梦，只有情缘重。曲阑幽径小帘栊，好共扫眉才子管春风。

如明代诗人王彦泓的《遇旧青衣》：

扫眉才子女相如，旧掌芸香四库书。一著练裙抛画裤，便辞金屋住茅庐。

桑麻僻处莺花断，丝竹停来姊妹疏。还识劈笺江令否，望仙回

望一唏嘘。

如明代诗人程嘉燧的《阊门访旧作》：

怅望吴阊百里余，故园兄弟日应疏。多年华鬓丝相似，三月春愁水不如。

歌扇旧分桃叶渡，钓船今傍藕花居。扫眉才子何由见，一讯桥边女校书。

如清代词人黄燮清的《玉漏迟·福莲室女史嘱题秦淮校书斜倚薰笼图》：

鬓鬟云半堕，雀沉钿翠，凤横钗朵。怯不胜寒，又听雁声飞过。冷暖无人熨贴，但倦倚、纱笼残火。眠未可。愁帘病阁，断肠功课。

扫眉才子多情，也宛转怜香，自题珠唾。若作书生，还恐更痴于我。欲访桃根艳迹，奈梦里、秦淮烟锁。深夜坐。思量问伊知么。

（按：女史自题喝火令词，有“剩有星星余火，温不到心头”之句）

如清代词人龚鼎孳的《误佳期》：

香定剪风罗幕。客践笼灯芳约。红绡沽酒下帘时，失记登楼作。
狂枕玉箫眠，软绊金虫落。扫眉才子赋多情，可是怜轻薄。

可见虽然红颜易逝，但薛涛的才情还是通过诗篇流传了下来；她的诗作被世人推崇，认为其“工绝句，无雌声”，“扫眉才子”的赞誉也代代传颂，不绝于后世诗人的笔端。这位可与大唐诸才子竞雄的女诗人值得后世人铭记。

第二节
《赠苏十三中丞》——兰心蕙质叹幽独

洛阳陌上埋轮气，欲逐秋空击隼飞。

今日芝泥检征诏，别须台外振霜威。

薛涛的智慧也是不下于她的才情的，她与人相互酬唱的时候，有时也会在诗行间出语相劝慰，令人不得不佩服她的敏慧才智。

譬如这一首《赠苏十三中丞》。前句用“埋轮”之典，不仅与苏十三中丞的身份相吻合，还寄托了她对他的殷切鼓励——希望苏十三中丞也能像张纲一般不畏权贵、严肃执政，又用隼的悍勇高飞来激励苏十三中丞凌厉行事、展望未来。全诗可以说恰如其分、关切殷然。

这日，将返台的苏十三中丞便早早地到浣花溪畔来了。彼时薛涛正在厅间练字。侍者敲门，将苏十三中丞来访的消息报之。薛涛

稍作整理，便叫人将其请入书房。对苏十三，薛涛略有耳闻，知其为人憨直，乃有志之士。本以为，他要过些时日才会来访，没想到来得这么急。

正当薛涛泡茶之时，苏中丞已立门外。薛涛并未停手，只是如旧识般抬头笑了笑，点头邀请其落座。寒暄了几句，她便将张纲的典故缓缓道来。古有张纲，恭俭守节，约身尚德，虽为公子，而厉布衣之节。时值顺帝委纵宦官，他常感叹："秽恶满朝，不能奋身出命埽国家之难，虽生，吾不愿也。"后入朝为官，于汉元年被外派巡视各郡时，至郊外洛阳都亭，将车轮卸掉埋在地下，愤然宣称："豺狼当道，安问狐狸！"由此拉开阳嘉年间惩治贪官污吏的大幕。刚开始，苏中丞有些不明所以，待到后来，便明白薛涛想要告诉他什么了。

薛涛将故事讲完时，茶正泡好。袅袅茶香从杯中升腾起来，游走在二人中间，将书房编织进一个静逸的时空。她轻巧地从壶中倒出一杯，递给苏十三，问他是否想做"击隼"者，苏十三谦恭一笑。薛涛会心。

时辰已不早，苏十三刚到锦城还有诸事未妥，薛涛见他不好明说，便借自己要练字谢客。薛涛亲自送至宅门，别前真诚地告诫他，从正式宣告上任起，便不可以在台外耀武扬威，为官者必先自律。苏中丞听闻，抱拳鸣谢，翻身上马而去。薛涛看着这又一届的官员，心中感慨万千。

蜀中的官员流水般来去，纵然每每都前来拜访，但或许过几日

又要调走。同样的嘱咐与希冀，说与数十人听，而今留下的又有几人？

在这首诗中，薛涛也流露出了她自己的政治观点和政治立场。她支持、鼓励那些为百姓着想、不畏强权的好官去追求自己的政治理想，哪怕遭遇挫折，也要砥砺自我、继续前行。薛涛出入幕府，自然也会听闻一些政治上的新闻，可惜是个女儿身，且身在乐籍，她痛恨自己不能为百姓、为天下做些什么，于是只好去鼓励那些为国为民的好官，希望他们能够完成自己的心愿。

再来看一首《酬李校书》：

才游象外身虽远，学茂区中事易闻。
自顾漳滨多病后，空瞻逸翮舞青云。

据人考证，诗题中的李校书应为李余，有唐朱庆余《送李余及第归蜀》诗为证：

从得高科名转盛，亦言归去满城知。
发时谁不开筵送，到处人争与马骑。
剑路红蕉明栈阁，巴村绿树荫神祠。
乡中后辈游门馆，半是来求近日诗。

李余应举十年，长庆三年方才及第。若此“李校书”真为李

余，那么此首诗当是薛涛中年所作。薛涛历侍十一镇，其间酬赠唱和之诗多不胜数，且大都难以考证其具体创作时间，聊备一观。

“象外”即物象之外，谓写诗比物以意，而不指言某物，意境超乎常法之外。唐司空图《二十四诗品·雄浑》曰：“荒荒油云，寥寥长风。超以象外，得其环中。”或指尘世之外。“区中”即区域之中，《司马相如传》：“迫区中之隘狭兮，舒节出乎北垠。”“漳滨”出自刘桢的《赠五官中郎将诗四首》：“余婴沉痼疾，窜身清漳滨。”后用此为卧病之典。“逸翮”是指鹰之高飞也。

这首诗前二句称颂李校书才情高远、声名显赫，后两句则是自叹，可惜自己多病卧榻，只能看着李校书在政坛上叱咤风云的雄伟身姿了，实在是遗憾。

薛涛工于唱和，有诗名在外，倾慕之人想必也不在少数。但薛涛在酒席之间穿梭往来，有时候也是想为自己觅得一个佳偶吧。但她自己也明白，这是无情而残酷的官场世界，谁会对你吐露真心？那些席间的谈笑风生，只不过是逢场作戏罢了，真正能懂自己的又有几人？

第三节

《罚赴边有怀上韦令公二首》——始知陇头寒彻骨

其一

闻道边城苦，而今到始知。

羞将门下曲，唱与陇头儿。

其二

黠虏犹违命，烽烟直北愁。

却教严谴妄，不敢向松州。

后蜀史书家何光远在《蜀才妇》中说：薛涛“每承连帅宠念，或相唱和，出入车舆，诗达四方，名驰上国。应衔命使车，每届蜀，求见涛者甚众”。薛涛在过了一段小心翼翼的生活后，或许觉得自己在韦皋的心中也有了一定的分量，于是开始变得有些狂傲起来。然而正是这一份狂傲，让薛涛遭受了一次无情的打击。

贞元五年（公元 789 年），薛涛的平静生活又被打破，而这一次，她触怒了韦皋，被罚赴松州。

薛涛自从成了韦皋帐下的一名乐籍女子，就不得不过着以艺侍主的生活，锦衣玉食的场面下，处处涌动着杀机与嫉妒。她的命运被攥在了别人的手心，更何况韦皋翻手为云覆手为雨，完全可以主宰她的生死。这一次，薛涛就被刺史疏远，发往艰苦的边疆。

据五代时期何光远撰的《鉴戒录》所载，“应衔命使者每届蜀，求见涛者甚众，而涛性亦狂逸，不顾嫌疑，所遗金帛，往往上纳”。就是说，前来蜀地的官员为了求见韦皋，多希望通过薛涛引荐，纷纷给她送礼，而薛涛“性亦狂逸”，不顾瓜田李下之嫌，照单全收。不过她见财不喜，收下之后一文不留，全部上交。她的声名过大，引来诸多诽谤，韦皋听了诸多流言，十分不满，一怒之下，下令将她发配松州作为惩罚，也以此保全自己的名声。

更有人分析，当吐蕃侵犯灵关及朔方之时，韦皋奉召领兵御敌，派遣部下高倜、王英俊领兵两千驻扎在松州，而薛涛按照当时的制度成了政治的牺牲品，作为一介官伎，只能够被派往边城遣劳军。

这一说法并不一定令人信服，但薛涛被罚边塞之事确凿无虞。有人揣测，薛涛年少气盛，恃才傲物，方才引来了这般祸事。

而薛涛到了松州，一扫“葡萄美酒夜光杯，欲饮琵琶马上催”的幻想，对于她而言，边陲的艰苦始料未及，正如温室中的孔雀面临风暴一般，哪里忍见这样的残酷呢？她忘记了自己的愁苦，想来边塞将士们艰辛的生活触动了她心中柔弱的那一块。从前只是在高

枕无忧的府宅之中听说过“将士们生活艰苦”，今日身临其境，方才知道这样的描述背后，有多少血泪与硝烟。但薛涛一介弱女子，还是不忍将辛辣的现实呈现在薄弱的纸张上，然边塞苦寒之状，我们可从同时期的边塞诗中窥见一斑，如李颀的《古从军行》：

白日登山望烽火，黄昏饮马傍交河。
行人刁斗风沙暗，公主琵琶幽怨多。
野营万里无城郭，雨雪纷纷连大漠。
胡雁哀鸣夜夜飞，胡儿眼泪双双落。
闻道玉门犹被遮，应将性命逐轻车。
年年战骨埋荒外，空见蒲萄入汉家。

那些狡黠的吐蕃人一再打破盟约，又犯边关，今日狼烟再起，真是愁煞人也。皋此时态度严厉，将薛涛罚赴边城，她又哪里有勇气在战事紧急的前线唱那些轻松欢快的曲调，这让她情何以堪。

薛涛心忖，此次前来，责任便是将那温柔香软的曲子唱给将士们听，安抚他们思乡的愁苦与厌战的躁动，可这些欢喜香艳的曲调，在这荒凉肃杀的军营里，怎么有心思吟唱出来呢？正如《柳亭诗话》所言，此诗“如边城画角，别是一番哀怨”。薛涛只恨自己弱女子之身，只能不解愁苦地唱着温软的小调，却不能投身沙场。且看晚唐杜牧的《泊秦淮》：

烟笼寒水月笼沙，夜泊秦淮近酒家。

商女不知亡国恨，隔江犹唱后庭花。

几千年来，人们都谴责“红颜祸水”，岂不知是男权社会的“英雄好汉”们沉迷声色，方才将一个个苦命的女子推上了耻辱柱，在醉生梦死的世界里，女性强颜欢笑以求生存，真正的亡国之恨却是由那些醉生梦死的男儿造成的。而薛涛不同于见识浅薄的秦淮商女，也不是那声色犬马的享乐之辈。薛涛诗有豪杰气，亦有慈悲心，不仅没有对战乱之苦不闻不顾，也没有想到自己的沉浮命运，却为自己的无奈之举感到羞愤。她不愿直接写边塞的艰苦，却将其与远在安逸之所享乐的人们相对比，以讽谏肉食者，更有止战之功。《名媛诗归》评价这句诗时谈道：“此薛涛在高骈宴上闻边报乐府也，有讽喻而不露，得诗人之妙。使李白见之，亦当叩首，元、白流纷纷停笔，不亦宜乎？”

边疆之苦对薛涛的震撼是巨大的，她有感于戍边之苦和自身遭际，又提笔写下了《罚赴边上韦相公二首》：

其一

萤在荒芜月在天，萤飞岂到月轮边。

重光万里应相照，目断云霄信不传。

其二

按辔岭头寒复寒，微风细雨彻心肝。

但得放儿归舍去，山水屏风永不看。

重光在此应当指日、月。《文选·陆云〈大将军宴会被命作〉诗》：“辰晷重光，协风应律。”李善注引张晏曰：“重光，谓日、月也。”辔指马缰。“山水屏风”用典事。唐玄宗初立开元时，宰相宋璟为写《书·无逸》篇，立为屏风，玄宗朝夕相对，颇自振作。及璟罢相，改立山水屏风，志渐骄侈。

在这两首诗中，通篇弥漫着一种挣扎的徒然无力的气息，又有着一种不似以往的怨怼之凄恻。薛涛以“天”喻官府，“月”指韦刺史，却将自己视作荒芜之地上一只微弱的萤虫。萤虫岂可与月争光，何时又能再见月轮？薛涛自知力有不逮，却以“上韦令公”的名义向权柄示弱乞怜。但薛涛到底是薛涛，她在求饶之时也不忘风骨，“万里重光应相照，目断云霄信不传”，隐约带着些许任性与怨念。

向来“无雌声”的薛涛竟无力地向韦皋的权势低头，却是这揽辔行进之时凄寒的心声，狂风萧瑟，细雨凄苦，方才二十岁的她不堪忍受。“彻心肝”既指寒苦环境的摧残，也指韦皋对她的不信任。后一句表明决心，说只要肯让我归去，必定洗心革面，不再犯错。薛涛此时竟是如此无奈，要这样来打动韦皋，诚心认错，希望韦皋能够怜惜她一个女子在边境的苦楚。

这两组诗的感情是十分复杂的，既有对边境恶劣环境的震撼、对戍边将士的同情，也包含被罚松州的苦楚和酸辛，亦隐含对韦皋的恳切歉意，希望他能将自己召回，还有一点隐隐的失望、惊恐和

抱怨。这个时候的薛涛，仿佛回到了父母双逝后的孤苦岁月，一个人踽踽前行，失魂落魄。

夕阳一点点地落下去，将霞光一缕缕地抽离天际。它如同潘多拉的魔盒将黑暗放了出来，却把希望收了回去。归巢的鸟儿成群结队地从橙红色的落日前飞过，身上披着霞光，从东边直直地飞往西边，像极了将要返回西天复命的神鸟。这个时候，一阵晚风吹来，已经被埋到黑暗中的林间传来簌簌的树叶声和乌鸦沙哑而蚀骨的嘶鸣，将暗未暗的荒野衬得更加寂寥了。

当落日完全降到地平线下的时候，风开始刮得厉害了。薛涛站在山头，那一如既往的红衣在夜风中张扬着，如同将要起飞的大鸟在蓄积风力。她直直地盯着远方，像一座石像，从晚霞漫天到月光盈地，眼神里融合着很多情绪，像是悔恨、像是不甘、像是无奈，复杂得不像一个花季少女该有的眸子。她的手交织着扣在一起，嘴唇紧紧地抿着，心里仿佛正在进行着极大的争斗。

月亮在无太阳与它争辉的时候亮了起来。如同一面窥探人间的太虚幻镜，又如同千万个世界的通道，遥远而充满神秘气息。然而，在这样月光如水的夜晚，薛涛却只觉得入骨的凉意。此刻，在她的眼中，月亮不再是为做新赋而借来的意象，而是承载着她满满心绪的书信，只待万里外的韦皋相看。

从山的东头飞来几只小小的萤火虫，缓慢地在空中扑扇着翅膀，朝薛涛这边飞来。它在尾巴上点起的小灯就只有一点点，然而在夜里却格外的明亮。“的历流光小，飘飖弱翅轻。恐畏无人识，

暗中独自明。”薛涛看着这样执着的小生命，如同看到了自己。虽然弱小，无法与月亮争辉，但却努力地发出亮光来。

离开锦官城已经几日，节度使府中还没有传来任何消息，薛涛不免有些焦急和失望了。以往桀骜不驯，不进人言，总还是太年轻了，心浮气躁。这几日独自出行，没有筵席，没有邀约，不多说话，也不会做剧烈的动作，整个人都安静了下来。薛涛这才感受到，独自一个人的时候好像才更适合思考。

风更大了，空气变得有些潮湿。从东头飞来的萤火虫带来了许多小伙伴，环绕在薛涛周围，似乎要把她拉到自己的队伍中去。薛涛伸出一只手指，好奇地轻点了下它的小灯，灯忽地灭了。她猛地把手抽回来，却发现它又重新亮起来，就像在与她做游戏。薛涛忽然想起，上个月的这一天，她在节度使府里陪着韦皋宴客。那天的天气好像也如这晚一般，天开始很晴朗，随后有些湿气，再后来就下起了雨。

就在她沉浸在上一年的回忆里时，风呼呼地刮了起来，雨点毫无征兆地落了下来。如一粒粒苞米粒，打在身上格外疼。萤火虫扇着薄薄的翅膀，往来处撤离。薛涛却依旧呆呆地蹲在山边儿，像是要诚心淋一场雨，又像是没反应过来。贴心的侍卫撑了一把伞在她身后，而她就蹲着，不知在想些什么。

这山里的雨来得快，走得也快。大的雨点砸下后不久，便成了淅淅沥沥的小雨，慢慢地雨便停了。薛涛缓缓地站了起来，打了声喷嚏，裹了裹衣服，然后匆匆地回客栈去了。而月亮在乌云过后，又重新露出了脸儿，就像洗过一样，更加明亮了。

薛涛抖抖索索地进到客房里，将窗户完全打开，然后便窝到被子里去了。夜间的雨有些凉，她刚刚淋到一些，便觉得略微有发烧的迹象。她整个人蜷缩在被子里，就像一只病猫，看着让人格外地心疼。而那时，她心里也着实不想再远行了。精致的鞋子上布满了泥点，那身红衣也有许多处褶皱了。这在薛涛以往的生活里，是不可忍受的。然而，她如今看着，竟不觉得什么了。不知是该庆幸还是该悲哀。

明亮的月光通过窗户照射到地板上，好像泛起了一层白霜，“举头望明月，低头思故乡”，从未远离过锦官城的薛涛，此刻内心充满一种迫切回故土的焦虑。她开始有点害怕这漫漫的长路，害怕这未知的前程。

她已经失去了一个家，那样的伤痛太大，大到她无法再去尝试。现在，她把节度使府当作第二个可以安心的住所，她并不想轻易地放弃那里，亦不想轻易地将如父如兄的韦皋给过她的温暖丢弃。

薛涛想着想着，眼泪便夺眶而出。从父母相继去世到现在，纵使再难她都没有流过眼泪，然而在这个陌生的客栈，她将所有受到的委屈和压力都发泄了出来。她内心渴求着韦皋能够听到她的呼唤，让她回家去。甚至若是让她回去，她可以不再去结识更多的朋友，只是安心地待在节度使府中。

一个人脱离她所熟悉的环境后，往往会对未知产生恐惧，特别是当离家越来越遥远的时候，总会有回不去的担忧。薛涛在去往松州的路上感到了独自一人赴边的孤独和无助。那时，她只是一个弱女子啊！

第四节

《十离诗》——早岁已知世事艰

驯扰朱门四五年，毛香足净主人怜。

近缘咬著亲知客，不得红丝球上眠。

——《犬离主》

越管宣毫始称情，红笺纸上撒花琼。

都缘用久锋头尽，不得羲之手里擎。

——《笔离手》

雪耳红毛浅碧蹄，追风曾到日东西。

为惊玉貌郎君坠，不得华轩更一嘶。

——《马离厩》

陇西独自一孤身，飞去飞来上锦茵。
都缘出语无方便，不得笼中再唤人。

——《鹦鹉离笼》

出入朱门未忍抛，主人常爱语交交。
衔泥秽污珊瑚枕，不得梁间更垒巢。

——《燕离巢》

皎洁圆明内外通，清光似照水晶宫。
只缘一点玷相秽，不得终宵在掌中。

——《珠离掌》

跳跃深池四五秋，常摇朱尾弄纶钩。
无端摆断芙蓉朵，不得清波更一游。

——《鱼离池》

爪利如锋眼似铃，平原捉兔称高情。
无端窜向青云外，不得君王臂上擎。

——《鹰离鞲》

蓊郁新栽四五行，常将劲节负秋霜。

为缘春笋钻墙破，不得垂阴覆玉堂。

——《竹离亭》

铸泻黄金镜始开，初生三五月徘徊。

为遭无限尘蒙蔽，不得华堂上玉台。

——《镜离台》

“悲莫悲兮生别离，乐莫乐兮新相知。”一个“离”字引发了多少惆怅与遗恨。书写生离死别的诗句灿若星斗，直击人们的心灵，引起世人强烈的共鸣。薛涛此时的离情与常人更有着不同，她触怒尊颜，被自己所敬爱的刺史韦皋罚往烽火连天的边疆，她一连赋诗四首“上韦令公”，今又赋《十离诗》以表达离别的沉痛。

这十首诗的作者与创作背景曾引发很大的争议：后周王定保《唐摭言》认为只是府僚薛书记写给元稹的：“元相公在浙东时，宾府有薛书记，饮酒醉后，因争令，掷注子击伤相公犹子，遂出幕。醒来乃作《十离诗》，上献府主。后元公作‘马上同携今日杯，湖边还折去年梅。年年祗是人空老，处处何曾花不开。歌咏每添诗酒兴，醉酣还命管弦来。樽前百事皆依旧，点检唯无薛秀才。’”这当是政治倾轧中的仕途失意之作，但实际上《与诸客携酒寻去年梅花有感》是白居易长庆四年（公元 824 年）在杭州任上所作，与元稹无关。而《全唐诗》则认为《十离诗》却是薛涛所作，但是写给后来的情郎元稹的。今人陈文华在《唐女诗人集三种》中详细论证

了《十离诗》的创作背景—— 一代名伎薛涛在被恩主韦皋罚赴边塞时所作。

这组诗中的十首七言绝句一气呵成，讲述了犬离主、笔离手、马离厩、鹦鹉离笼、燕离巢、珠离掌、鱼离池、鹰离鞲、竹离亭、镜离台之悲凉落寞。薛涛把自己视作犬、笔、马、鹦鹉、燕、珠、鱼、鹰、竹、镜，而把韦皋尊为自己所依靠的主、手、厩、笼、巢、掌、池、臂、亭、台。

从诗句所描述的场景看来，主人的宠物因太过任性，不识大体，“无端”犯下种种过失，不小心犬“咬著亲知客”、笔“用久锋头尽”、马“惊玉貌郎君坠”、鹦鹉“出语无方便”、燕子“衔泥秽污珊瑚枕”、明珠“一点玷相秽”、鱼戏“摆断芙蓉朵”、鹰“窜向青云外”、竹笋“钻墙破”、镜“遭无限尘蒙蔽”，引起主人不满而被厌弃，失去了以往的恩宠与厚爱，遭遇十种“不得”。

薛涛心中涌上一阵悲戚，小小的波折让她清楚地看到自己的处境和身份。艳名是祸水，才名是浮华，觥筹交错，恭维夸赞都是假的，唯一真实的是——她的命运掌握在别人手中，需要依靠别人的慈悲怜悯才可以立足于世。她努力地冷静下来，收敛起自己的悲切，她知道那是无谓的。

有离思而无离情，说是离思，却没有诚挚的苦意。十句“不得”将它变成一封十足的罪己书。不惊不奇，把身边寻常事物写得曲折动人，娓娓道来，如泣如诉。

这一场较量纵然是韦皋赢了，可也胜得不那么光彩。

然而就是委屈也得生受着。世人多是委屈的，只是姿态不同罢了，像盆景里的病梅，被人剪去枝蔓，拗断筋骨，摆弄成喜欢的模样，有的血泪飞溅，有的却忍气吞声。

薛涛在一再地自我贬低时，仍绵里藏针地对这样的处境进行了嘲讽。的确，薛涛与韦皋关系复杂，欲亲还离，她狡黠地为自己鸣不平，在每首诗的前两句中都夸赞宠物的忠心与聪慧，却在后两句中展示出巨大的反差——只因一时的“无端”之失，引来永远的疏离与厌弃。

但薛涛终究还是引躬自责，恳请主人谅解。韦皋堂堂武侯之才，自然不会和一个摇尾乞怜的柔弱女子斤斤计较。或许韦皋原本就是顾及自己的颜面，方才遣走了薛涛，此时薛涛低声下气地取悦于他，他顷刻间便转怒为喜，又见薛涛如此贤德，便将她接回成都。

无疑，薛涛是时代的佼佼者，但她终究不是超越时代局限的先行者，纵使她的才情无出其右者，她却不得不将命运维系在男人的权柄之下，屈服于社会的侮辱。诗中于卑微无奈中带着些许谄媚，令人揪心不已。那个狂傲的薛涛今天竟向威严的权力低下了高傲的头颅，更令人怜惜。

虽然薛涛得蒙大赦，回到成都并脱去乐籍，但她心知，韦皋喜怒无常，对自己并不十分钟情，此番能够回到成都，她却再也无法像从前那样毫无顾虑地出入朱门，而她委身于韦皋的幻想也彻底破灭。

其实韦皋是性情中人，薛涛心底也明白，关于韦皋的感情，她或许略知一二，今人若欲探究，却难知晓，不过《云溪友议》记载

了一件关于韦皋的轶事，可供诸君一阅：韦皋年轻时流落江夏，寓居在姜郡守家，在塾馆里担任西席。姜家有个儿子叫荆宝，是韦皋所教授的弟子。他对韦皋虽然以兄相称，但是恭敬侍奉，就像对待父辈。荆宝有个小丫鬟叫玉箫，方才十岁，也常常侍奉韦皋。两年之后，姜郡守资助韦皋进京求官，但韦皋家里有事，未能成行，韦皋便迁居到头陀寺中。荆宝仍然时常吩咐玉箫到寺里去听他使唤。日久天长，玉箫的年龄也稍稍大了，对他心生情愫，引为知音，认定他为良人，两人之间产生了爱慕之情。不久，韦皋叔父来信催他回家探亲。叔父的好友给韦皋准备了沿途的盘缠，打发他乘船归家，却怕他迟迟不肯启程，便请荆宝与玉箫不要与他相见，待到舟船停在江岸时，又催促船夫快快起航。不想荆宝与玉箫竟一块来了，韦皋见了，悲喜交集。荆宝让丫鬟玉箫随船前往，沿途侍奉韦皋，韦皋却顾虑玉箫长时间不能侍奉荆宝，不敢带她一块去，一再推辞。但两个有情人相互约定，少则五载，多则七年，韦皋即来迎娶玉箫。韦皋留下玉指环一枚，又写了一首情诗，一起赠给了玉箫。到第八年春天，韦皋还没有前来，玉箫绝望地叹道："韦家郎君，一别七年，是不来矣！"于是绝食而死。姜家可怜她死于节操，将那只玉指环戴在她中指上，隆重地举办了丧事。临终之前，玉箫留下一首《留赠玉环》诗：

黄雀衔来已数春，别时留解赠佳人。
长江不见鱼书至，为遣相思梦入秦。

后来韦皋官运亨通，镇守西蜀，到任三天即审理积压已久的案件。其中有一则冤案，犯人身载重枷上堂审理时，大呼道：“仆射是我当年的韦兄。仆射！仆射！还记得当年姜家的荆宝吗？我就是荆宝！”韦皋道：“你犯了什么罪受此重刑？”荆宝答道：“我与韦兄分别之后，很快便以明经科应举及第，又担任青城县令。奈何家人不慎，误将公署房舍及仓库牌印等烧毁，我等入狱受罚。”韦皋怜惜道：“家人犯罪，并非你的过错。”当即给他平反雪冤，并留作门下幕僚。后来韦皋问起玉箫的下落，姜荆宝说：“仆射上船的那天，跟她留下契约，七年为限，必来娶她。既然过期没来，她便绝食而终了。”

韦皋听罢，无限痛心，哀叹不已。当时有个祖山人，精通少翁的招魂之术，能让死者与亲人会晤。他吩咐韦皋斋戒七天，在一个月光朦胧的深夜，便做法召唤玉箫的精魂，玉箫飘然而至，施礼致谢道：“承蒙仆射军经造像的帮助，十天之后我就会托生降世。再过十三年，便可再次成为您的侍妾，以谢大恩。”临去之时，她又娇嗔地说道：“都怪丈夫薄情，让我与您死生相隔啊！”有一年韦皋大寿之时，境内各个节镇都送来当地的珍奇物品，唯独东川卢八座所赠贺礼乃是一名歌女。这名歌女不到十六岁，名字也叫玉箫。韦皋仔细一看，和姜荆宝家那个玉箫长得一模一样，而她的中指上竟长着一个肉环，若不知细看，隐约就是当年所留赠的指环。韦皋慨然叹道：“吾乃知存殁之分，一往一来。玉箫之言，斯可验矣。”

这个故事在今天看来充满了奇幻色彩，但它一定不是空穴来风，很可能有着史实的依据。韦皋对自己的姬妾竟能如此牵挂，薛涛也心知自己和韦皋只不过是逢场作戏，萍水之缘罢了。《十离诗》已然耗尽了她对这个男人所有不切实际的妄想，她坚定地选择了自立的道路。薛涛《十离诗》一出，天下奇之，后世颇多效仿，成为诗坛一道靓丽的风景线，今录其二，以飨读者：

香墨彩笺狼毫笔，诗词歌赋楹楚辞；

笔蘸香墨彩笺撕，诗情画意难亦系。

——《笔离笺》

两厢咫尺如隔山，无言无语情无牵。

落红凄断碎心瓣，情归黯淡爱已倦。

——《爱离情》

这些十离诗，或如前者《笔离笺》皆为游戏之作，或如后者《爱离情》抽象却空洞，皆不似薛涛之作字字言物，却字字含情，一片委屈与离恨跃然纸上，引人爱怜。也正是这样的才华与真情，才能打动韦皋，让他连忙将她接回安养。

而薛涛自罚赴边作诗十余首上书韦刺史，就意味着面临着诗歌生涯的转折点，也是其性格的转折点。她一改曾经的疏狂，将锋芒隐藏在温婉细语中。从前的她受到韦皋的宠爱，也因为少不更事，

恃才而骄，满是少女的任性和情思而遭致祸端，此后她越发沉稳大气，如《罚赴边上怀韦令公》般的赌气不再出现，更不会有不识人情世故的妄举。

回到成都以后，韦皋对薛涛十分亲切，并自作主张，命主事的官吏上下打点，让薛涛恢复自由之身。薛涛得到不少安慰，却淡然地领纳谢恩了。可是脱去乐籍以后，薛涛便没有了依靠，不过她也不在乎了，回到成都已是大幸，在这里总会有办法的。她没有料到的是，韦皋竟想得十分周全，在浣花溪畔百里潭的锦浦里择了一个不大却十分体面的房子，将她安置下来。如此一来，薛涛便有了寄身之处，她在浣花溪畔一住就是四十年，创作了几百首诗作，也成就了“万里桥边女校书”的时代佳话。

第四章

幽居溪畔——江滨花溪春望尽

经历过人生的大起大落之后，不如收拾起自己的心绪和情感，去寻一个清清静静的地方，哪怕是“结庐在人境”，也会是“而无车马喧”。我们每个人都需要给自己一段时间来沉淀心灵，理去芜杂，这样更能让我们看清生命的脉络。薛涛在二十岁的时候就开始了自己的隐居生活，倒也不是说看破了红尘虚妄，只是经历了太多，心有些倦了，有些累了，想停下来歇一歇了。浣花溪，一个美丽的名字，和薛涛正相匹配。溪流不知年岁，只是年复一年地浣洗着飘落的花瓣。薛涛也在浣花溪畔洗尽铅华，露出了那个“天然去雕饰”的美丽伊人。

第一节

《酬人雨后玩竹》——美人似竹经霜雪

南天春雨时，那鉴雪霜姿。

众类亦云茂，虚心宁自持。

多留晋贤醉，早伴舜妃悲。

晚岁君能赏，苍苍劲节奇。

贞元五年（公元 789 年），二十岁的薛涛脱去了乐籍，从此隐居于浣花溪畔。

在浣花溪畔，薛涛每日于湖光山色中独自散步，或是安然地垂钓于溪前，或是修剪杂草。在这里，很少有人打扰她的心绪，所以她做事时能够专心致志，能够保持一颗清醒的头脑。慢慢地，她整个人都沉静了下来。往日的桀骜不驯、心浮气躁，从她的脸上已很少再看到。

隐而居之是一种生活方式，一种生活的态度。还未成熟的薛涛

需要的就是这样的状态。在书中，有很多关于深居、苦修的记载。然而，薛涛认为，只要所择居所能给人内心的宁静，这便就好。

古人选择隐居有多种目的。对有的人来说隐居就是本来的生活，隐而不隐，自是潇洒的生活，譬如“竹林七贤”；有的人隐居是由于心中怀大义，不愿出山，譬如伯夷、叔齐；有的人隐居是为了不合俗流，保持自己的操守，譬如陶渊明；有的人隐居是为了谋求一条终南捷径，譬如李白。而薛涛与他们都不同，她只是厌倦了虚情假意的生活，在经历了人生波折后，只想过一段安安稳稳的生活，她需要一段平静的时光来抚慰自己的心。

这一首《酬人雨后玩竹》便是作于这一时期。诗歌吟诵了竹子经霜傲雪的风姿，也夸赞了竹子虚心自持的良好品格，继而追思古人，羡竹林隐士的弦歌，也叹舜帝二妃的深情，最后对友人发出晚岁赏菊的邀请，那苍苍劲节必定令人赞叹。整首诗挥洒自如，以竹自喻、以竹自警，颇具玩味。

南国春雨，万般绮丽。一到这时节，滴滴答答的小精灵们便开始从天空飘洒，经历万尺高空的旅程，进入巨大的空虚海洋。泥土的湿润带着某种仪式般的庄重，它们等久了这一场雨，所有泥土下嗷嗷待哺的生命都等久了。

红墙上的春水涓涓地流下来，在青石上亮闪闪的。嬉戏后归家的少女小心地提着鲜艳的裙裾，露出精巧的绣鞋，鞋面是早春里刚刚绣好的鸳鸯。绣鸳鸯的针法还有些稚嫩，怕被人笑话成野鸭一直不敢穿，未曾想第一次上脚就得见珍贵春雨，这下便真成了水鸭。

鸳鸯头挨着头原本在戏水，在青石板上一映，两只成了四只，竟热闹了起来。

春雨一过，像得了指令似的，百花就茂盛起来，所以这雨就说是神雨也不为过。你看那桃花红，你看那梨花白，你看那樱花飞舞，飘洒满天，多么神奇的手！不禁想，怎能有世人不爱春天，他是有着一副怎样的铁石心肠？

连天的春雨把所有专司美丽的仙子都唤醒了，天上地下，再也找不出一处不清丽澄明，找不到一处不鸟语花香。雨后初霁，薛涛便与友人相约去了聚会的老地方。

春雨叫醒了这方世界，也拔高了竹子，他们便是为赏竹而来。

虽然百花开在眼前，薛涛却偏爱竹。夏花纵然绚烂，却开不过一季，待到荼靡开过，一切美丽皆成过眼烟云，脚下红泥。她不喜欢娇贵的东西，像是闺中不经事的女儿，只因生得一身纤腰美目便嫁得一个如意郎君，匆匆二十年青春过去，零落成无人问津的老妇。

薛涛不是那娇媚的花。她虽然美，虽然也懂得以秀丽姿容示人，却未曾想过要当一个美丽的玩物。花是脆弱的，经不得风，经不得雨，经不得寒霜冬雪，经不得恶作剧的摧花人。生命如此珍贵，一生一次盛放的花，若是失了运气，便只能万劫不复。

她愿意自己是竹，那风刀霜剑也打不倒的竹，无论是细雨蒙蒙的春、天高气爽的夏、温和柔美的秋还是寒霜飞雪的冬，无论时节怎么变幻，万物如何凋零，她总是在坚持着，在原地挺拔着，永远也不会枯萎，不会倒下。

一滴春雨凝在竹叶叶尖，将滴未滴。那翠色无比鲜明，活泼又雀跃。

薛涛的人生际遇，似乎早早地断绝了她作为一朵温室花朵的可能。桃也好，杏也罢，富贵芙蓉，碧玉海棠，全都不可能是她。命运的坎坷总爱“眷顾”于她，若是有一丝一毫的软弱，此时的她又会是什么样？过着怎样的人生？

她不去想这些，她只能接受。既然命运给了寒冬，她就做一株经霜过雪的竹。彼时艳丽灿烂的花，在冬天尽数凋零，只有竹，孤傲地立于世间。让风雪刮得更猛烈些吧，即使是那样，依然对我无可动摇！

一位友人摘下一片竹叶，送到嘴边吹起了歌谣。音符从叶间流出，如同春雨再临，浇在薛涛的心上，开出团团花簇，有些暖烘烘的质感。

一曲罢，友人面带惭愧之色，连道班门弄斧。薛涛精通音律，蜀中无人不知。她明眸浅笑，阻止了友人的自谦，只盼他能再吹一调，以赠她这位新晋的知音。

薛涛爱竹，也爱它虚心自持。才色皆浮云，一把素琴，一腹诗才，又比一身美色强得到哪里去？须知世间人事，总是一山还有一山高，那天外天楼外楼，境界万方，又有谁能至顶？竹心空，空能纳万物，比起争奇斗艳的花儿，更能让她感受到生活的智慧。

遥想当年“竹林七贤”便像是他们今日，赏景踏春，饮酒赋诗。嵇康音律可称圣，难道其他六位好友便不奏乐了吗？互相分享，才是知音的乐趣之所在。见贤思齐，技艺才能不断地增长。这

样想着，那细细竹节，便有了晋时风流，瞬间涌出了一股洒脱气。

再近些，去抚摸那竹，湿意透过手掌传递到心里，有春日的欢喜。此竹面上有斑，又称湘妃竹，传说中舜去世后，蛾皇女英二妃日夜啼泪，泪痕沾上了这品竹，便成了竹上斑点。“苍梧一望隔重云，帝子悲寻不记春。何事泪痕偏在竹，贞姿应念节高人。”舜妃的伴贤之心，千百年来总是令文人动容。

女子爱高节，薛涛亦如此。在场之友皆是她心中珍宝，不可割舍，不可离分。漫漫时节，她的日子因为他们而丰富。他们聚会、饮酒、赋诗，他们共同欣赏生命，爬过时间这条长河。

酒杯一满再满，到后来已分不清是赏竹还是赏人。一狂放之友醉后舞起了剑，未滴尽的春雨便在他起舞的同时，从林间簌簌洒落。

赏竹便是赏人，赏着薛涛这样的人。人与竹一样，不必争一时的鲜妍夺目，需看他能否度过命运的长冬。人需像竹一样空心，虚心才能向上。人需结交知音，陪伴高贤，竹亦如此。竹的追求便是人的追求，人的追求便是人的宿命。

薛涛此生就像一棵苍劲的竹，在挑战命运的一个个难关。

美人似竹，经霜之后，绮丽无双。

还有一首可与《酬人雨后玩竹》同赏，便是薛涛所作的《听僧吹芦管》：

晓蝉呜咽暮莺愁，言语殷勤十指头。

罢阅梵书聊一弄，散随金磬泥清秋。

这一首诗描写的是听一位僧人吹芦管的情景。起句用比喻形容僧人吹芦管的声音仿佛晓蝉呜咽和暮莺啼鸣。这样的情景其实还是很常见的，譬如韩愈著名的《听颖师弹琴》：

昵昵儿女语，恩怨相尔汝。

划然变轩昂，勇士赴敌场。

浮云柳絮无根蒂，天地阔远随飞扬。

喧啾百鸟群，忽见孤凤皇。

跻攀分寸不可上，失势一落千丈强。

嗟余有两耳，未省听丝篁。

自闻颖师弹，起坐在一旁。

推手遽止之，湿衣泪滂滂。

颖乎尔诚能，无以冰炭置我肠。

第二句才点出吹芦管之人，章法巧妙。先闻其声，后述其人。末两句说这忧愁哀婉的曲子弥漫着整个儿清秋，令人沉醉。

芦管是一种纳西族的吹奏乐器，声音清越凄婉，绵绵动听。白居易也曾写过《听芦管》：

幽咽新芦管，凄凉古竹枝。似临猿峡唱，疑在雁门吹。

调为高多切，声缘小乍迟。粗豪嫌觱篥，细妙胜参差。

云水巴南客，风沙陇上儿。屈原收泪夜，苏武断肠时。

仰秣胡驹听，惊栖越鸟知。何言胡越异，闻此一同悲。

薛涛此诗与白诗还稍有不同，因为多了一位吹芦管的人：一名僧人。于是，整首诗就显得更加寂寥、清越和空灵，且似乎包含了更多苦闷、愁绪和感触，只因为多了这一名僧人。更因在禅寺之中，磬声与芦管相和，颇为雅致。芦管柔缓呜咽，缠绵悱恻，哀伤动人，如潺潺之流水，泣嫠妇之哀思；大磬金声玉振，清正雅致，清脆悠扬，遐迩可问，历久不绝。二者相和，薛涛听来，既无困乏之意，更无紧张之感，只觉得阴阳相和，颇为舒心。

音调起，微风吹动树梢，像是秋日清晨的蝉鸣。一树树的绿叶早已泛黄掉落，枯萎的枝头，龟裂的树干上，只剩夏蝉唱到秋。一路见过了萌芽、盛放和萎败的它们，在这时节的高唱，声音依旧清澈，但细细听来，竟能听出些许呜咽。

音调落，暮色笼罩四野，像是夜晚悲啼的黄莺。孤人深夜独立于院中，黑暗从东南西北各个方向涌来，安静得不留一丝缝隙。偏偏在这时，一声莺啼凄绝而起，像是用针尖划破丝绸，入肉而见血，声声皆是悲，句句皆是愁。

芦笛声起起落落，那些一个人醒来的清晨，一个人迎来的日暮，随着这些起落变化，在薛涛的心里走马而过。晨起听蝉鸣，日暮闻莺啼，说不清过着这样日复一日的日子已有多久。

秋意浓。

第二节

《春望四首》——素手红笺诉相思

花开不同赏，花落不同悲。
欲问相思处，花开花落时。

揽草结同心，将以遗知音。
春愁正断绝，春鸟复哀吟。

风花日将老，佳期犹渺渺。
不结同心人，空结同心草。

那堪花满枝，翻作两相思。
玉箸垂朝镜，春风知不知。

写下这四首春望词的时候，薛涛已经脱去了乐籍，隐居在浣花

溪畔有些时日了。虽然这时薛涛才刚过二十岁，但幼年的颠沛流离和世事的无常变幻已经让她身心俱疲。饱经沧桑的薛涛选择了浣花溪，选择了隐居的生活。而春天——这个让无数诗人伤感的季节，在薛涛的笔下究竟是一种怎样的哀愁？而那双看尽了纷扰世事的眼眸，望到的又是怎样一番春日的光景？

温庭筠在《菩萨蛮》中写道：

小山重叠金明灭，鬓云欲度香腮雪。懒起画蛾眉，弄妆梳洗迟。
照花前后镜，花面交相映。新帖绣罗襦，双双金鹧鸪。

可见女子和花在诗中本就是一个体位，花的艳丽芬芳就如同女子青春时的美艳动人，花与人相照应，花为人传心声。而薛涛也是个姿容艳绝的女子，但她笔下的花却已然是逐水落英、昔时荣光了。春望春望，一望就望到了春天的尽头。春望，望的也是自己的来路，亦是自己的归途。自幼随父亲流落蜀中，尝尽艰辛；官宦之后却被逼堕入乐籍，每日迎来送往佯装笑脸，可有谁知晓自己的苦、自己的心？后来有幸遇到了韦皋，却依旧翻越不了那堵无形的高墙，依旧要小心应对，依旧只能在凄清长夜里说与风、说与月、说与蝉听。她要等的人没有等到，只看到了春日的落花诉说着相思的心语。

蜀中花开，赏花人亦是花样颜色，裙裾拂过欲滴的翠叶，玉手却触不到栅外的娇蕊。几许春日迟迟，一川草木深深，赏花人独坐，花亦赏相思。

她本出身于仕宦人家，少年沦落入乐籍，却也借此见识了闺阁里无缘得见的万丈红尘。

可红尘佳儿江湖子弟都擦肩而过，花开花落相思处，仍是无人与共同心。

浣花溪水潺湲，流淌着，流淌着，涤荡去乐籍女儿衣衫上的金粉红尘，涤荡去边关军帐中的征尘血气，此刻的她褪去三千世界赋予她的艳丽颜色，唯余一袭青衣和自由之身。

她是孤寂的，心也一直是自由的。此处春到，花开正盛，而郎君何处赏别花？此花与彼花颜色如何？此是曰花开不能同赏，纵使茫茫古今，身处一时一地，花开娇妍，终有谢时，雨疏风骤，流水落花，此情此景，两两相对，各自强露笑颜，又是否为了同一事由伤悲？是悲天涯路远，难得再与郎君相见，还是悲伤仕途堪忧，怀瑾握瑜而穷不知其所示？于是终于吞声浅笑，不言不语，不问相思，只是共郎君看见一朵花开，一朵花谢。从此，各自天涯。

黄金甲，玉如意，椒蘭文采，有意揽草结同心，却不知知己身在何方。锦江之滨，花溪之畔，春日愁绪纷繁过，满城飞絮，何以遣愁绪？素手掬清泉，制得洪度笺，桃红的底色浑然是心之色，写尽相思的笔墨尚未沁干，却陡然得闻鸟语，是子规？是杜鹃？偏偏鸟声作人语，声声动人心魄，牵人心绪——行不得也哥哥。

风花飘渺如歌，如雨，如空中抓不住的蔽日霾气，白日将老。和他的身影相比，西山红霞都显得更近切，归巢的倦鸟都显得更情真。绿英满香砌，两两鸳鸯小。但愉春日长，不管秋风早。鸳鸯草

同心共生，人非草木，却无人同心共情，年年春日，岁岁结草，奈何至今犹然孤孑一身。

非是无人怜，门下一曲词歌，唱与边关，唱与庙堂，落泪纷纷有如珠堕玉盘，奈何见怜如朝露，而她不惧宿命，柔韧若蒲苇；非是无真心相见，忆昔时只为博她一笑，庙堂高官亦能开池设笼，供奉一只孔雀；非是畏惧岁月无情，颜色黯淡，她的才华正如一坛女儿红，经由岁月，愈加香醇，愈加澄澈。然而为了那个人，那个天地间独一无二的一个，她正如任何一个普通闺阁少女一般无二的，企盼佳期，悲戚离别，向往容颜永驻，哀叹白日将老而佳期渺渺，同心人不能同心并立，同心草成结而人终成陌路。

蜀中的春风是无情的，边关没有春风。江南的春风又是如何的？郎君所在之处，春风能否有知？思念载沉载浮。花有千朵万朵，压枝而低，思念若也能开作花结作果，将是何种光景呢？怕就是她对镜梳妆贴花黄时，镜中的光景吧。士为知己者死，女为悦己者容，她是诗人，是歌人，更是红尘中看尽世态仍存真心不灭的千古名士女丈夫，她的字清癯狷介，有丈夫气概，为人亦然。开口，是歌，勾人魂魄；是直言，亦能动人心魂。因此，她虽托名乐籍，亦能以女校书之名流传后世，也会因直言坐罪，被罚往边关。纵是如此，她的遣怀之作仍然说道："闻道边城苦，今来到始知。羞将门下曲，唱与陇头儿。"不诉自身苦楚，反而为边关将士立言，不能不说是奇伟。

离别之苦，夜中梦境百转千回，两两相思之下，朝镜前玉人垂泪，这般相思不能诉诸言辞，相思寄谁？唯有寄春风耳。

寄予风，便有了“猎蕙微风远，飘弦唳一声。林梢明淅沥，松径夜凄清”的句子；寄予月，便有了“魄依钩样小，扇逐汉机团。细影将圆质，人间几处看”的篇章。寄风寄月，须知思念时身边四时万物，皆是她的化身。

若午后休眠时，听闻春风低语，如泣如诉，当知晓，那是谁的相思。

这四首一十六句词，字字朴素，却声声有情，当真是“如怨如慕，如泣如诉”。出语简洁明快，几不涉典故，然语中哀愁却连番不绝，直指人心。花与人作照，今与昔作比，今日枝头花满与来日镜中衰颜作照，昨日之佳期与今日之空等作比，直至春愁四溢、春心落尽。薛涛不是空谈春愁，而是实有伤春伤己；虽结庐归隐，却依旧难掩心中悲苦。她想用流淌的浣花溪治愈自己，却不料在春日的花枝上望到了自己。《唐诗快》评此二诗（按指同题中“花开不同赏”、“风花日将老”二首）“皆以浅近而入情，故妙”。《名媛诗归》中则说：“细讽四诗（按指《春望词四首》）。觉有‘望’字意在。若率然读去，但知其幽恨，不知其怅叹。”

花开花落，而薛涛却说“不同悲”，这分明是独对落花的凄苦啊！花落已经是悲，那么一女子独自看着春花落尽的场景更是悲中有悲，而这女子看着落花想到自己也将不可避免地走向这种独自凋零的命运，真是悲从中来、不能自已了。即便是饱经沧桑的薛涛，在面对这种场景的时候，也是无法自胜的，只能挥手写下四首春望词，暂寄茫茫愁思。毕竟，她只是一个女子，一个无依无靠的女子。

第三节

《赋凌云寺二首》——云淡天高访旧游

其一

闻说凌云寺里苔，风高日近绝纤埃。
横云点染芙蓉壁，似待诗人宝月来。

其二

闻说凌云寺里花，飞空绕磴逐江斜。
有时锁得嫦娥镜，镂出瑶台五色霞。

薛涛虽说隐居在浣花溪畔，但也不是说她整日就不离开浣花溪，不接见任何人了。其实薛涛也是有交游活动的，不过此时的交游褪去了酒宴席间的那种虚与委蛇，而是十分轻松惬意的。

乐山之东，有凌云山，山间有凌云寺，薛涛与韦皋一行人久闻凌云寺之盛名，大佛竣工日，当薛涛登上山头，只见九峰环抱，寺

宇辉煌。该寺建于开元年间，建成后不久，僧人海通和尚便领众依凌云山崖石凿山为弥勒佛大像。佛像高逾三百六十尺，并建七层楼阁以覆之，佛像几度停工，直到韦皋出任剑南西川节度使之时，捐出俸禄建造大像，这一宏伟的工程方才竣工。

这一日，韦皋领着一干幕僚前来见识刚刚落成的大佛像，于闲暇时往凌云寺一游，薛涛也从锦浦里的小阁中出来，随众人登上山头，一览大佛与高山古寺的胜景。只见新修成的大佛圣像依山面江，头在山顶，足在山麓，俯视江水滔滔。巨佛之膝部以下形成倒凹字形，河水冲入凹处，水势受挫，回流而出后，既可缓和水流，又可避免泛滥成灾。佛像亦壮人胆气，象征慈航普渡之精神。

赏玩之时，凌云寺住持邀请节度使韦皋为大佛为赋一篇，以记此蜀中之盛事。韦皋出身书香门第，镇蜀以来却疏于文墨，亦为憾事。其间有好事者怂恿再三，韦刺史假意推辞，终于大笔一挥，于此高山之巅为大佛作了一篇《嘉州凌云寺大弥勒石像记》，勒石刻碑，立于山中，此碑至今犹存，然碑文模糊不可见，其文甚美，臻于盛唐气象。今读斯文，可见韦氏的才，蜀中之风。

惟圣立教，惟贤启圣。用大而利博，功成而化神。即于空，开尘劫之迷；垂其象，济天下之险。嘉州凌云寺弥勒石像，可以观其旨也。

神用潜运，风涛密移，肸蠁幽晦，孰原其故？在昔岷江，没日漂山，东至犍为，与凉山斗。突怒哮吼，雷霆百里；萦激触崖，荡为屃空。舟随波去，人亦不存。惟蜀雄都，控引吴楚，建兹沦溺，

日月继及。

开元初，有沙门海通者，哀此习险，厥惟天难，刬其能仁，迴彼造物。以此山淙流激湍，峭壁万仞，谓石可改而下，江或积而平。若广开慈容，增廓轮相，善因可作，众力可集。由是崇未来因，作弥勒像，俾前劫后劫，修之无穷。

于是，规广长，图坚久。顶围百尺，目广二丈。其余相好，一以称之。民惟子来，财则檀施。江湖淮海，珍货毕至。倩师金工，亦罔不臻。于是万夫竞力，千锤齐奋。大石雷坠，伏螭潜骇；巨谷将盈，水怪易空。时积日竟，月将岁就，不数载而圣容俨然。岩岩崂崂，岌嶷青冥，如现大身，满虚空界。惊流怒涛，险自砥平。萧萧空山，寂照烟月，由内及外，观心类境，则八风澄而爱河静也！

余以为人之生也，违道而好径，故哲圣因其所欲，导之以存养，示之以进修。其行满于此，而福应在彼，理甚昭矣！至于夺天险以慈力，易暴浪为安流，何哉？详彼万缘，本生于妄。知妄本寂，万缘皆空。空有尚无，险夷焉在？至圣寂照，非空非有。随感则应，惟诚浅深。化于无源，奚有不变？非天下之至神，其孰能平斯险也！

彼海上人发诚之至，救物之弘。时有郡吏将求贿于禅师，师曰：“自目可剜，佛财难得！”吏发怒曰：“尝试将来！”师乃自抉其目，捧盘致之。吏因大惊，奔走祈悔。夫专诚一意，至忘其身，虽迴山转日可也。况弘我圣道，励兹群心，安彼暴流，俾其宁息，其应速宜矣。而功巨用广，其费亿万，全身未毕，禅师去世。

於戏！力善归仁，为可继也。其后，有连帅章仇兼琼者，持俸钱二十万以济其经费。开元中，诏赐麻盐之税，实资修营。事感天

人，刬遵前志。谅禅师经始之谋大，虑终之智朗，苟利物以便人，期亿劫以同济。

贞元初，天子命我守兹坤隅。乃谋匠石，筹厥庸，从莲花座上及于膝，功未就者几乎百尺。贞元五年，有诏郡国伽蓝修旧起废。遂命工徒，以俸钱五十万佐其费。或丹采以章之，或金宝以严之。至今十九年，而趺足成形，莲花出水，如自天降，如从地涌。众设备矣，相好具矣。爰纪本末，用昭厥功。

贞元十九年十一月五日，剑南西川节度、观察处置、统押近界诸蛮及西山八国兼云南安抚等使，光禄大夫，检校司徒兼中书令，成都尹，上柱国，南康郡王韦皋。

众人见刺史如此豪情，皆啧啧称奇，其间虽有恭维之意，然此文扬葩振藻，文采斐然。韦皋心下大快，忙呼众人赋诗助兴，在场诸人见薛涛在场，心知她必有佳句，皆翘首以望。薛涛莞尔一笑，自知推辞不得，便说道：“承蒙厚爱，小女子在此献丑了，权作抛砖引玉。”

薛涛登临斯楼，本欲盛夸大佛，但韦皋刺史今日难得有此雅兴，写下千字宏文，洋洋洒洒，豪气干云，此日若赋诗咏佛，岂不驳了大人的面子。薛涛心下沉思，既言道抛砖引玉，大可不必就大佛而赋诗。正在思索时，旁人一片惊讶，怎么今日薛涛竟如此忸怩。就在此时，薛涛抬头一看，那正是凌云古寺墙上的青苔，便信手拈来，为此赋诗——“闻说凌云寺里苔，风高日近绝纤埃。”

山高有寺，直耸入云，终日云雾缭绕，墙壁上长满了斑驳的青

苔，然山风不绝，日照犹近，此处不染纤尘。此言既是状物，又兼赞佛，更是人格的自况。身躯虽然卑微，然高蹈出尘的精神凌于高山危楼之上，俯瞰人间。此言一出，众皆愕然，竟有人在此场合下咏青苔，果然名不虚传。

“横云点染芙蓉壁”——墙壁之状，白中透着微绿，明净而不失活泼的风采，更有祥云缭绕，动静相宜，实乃不可名状之景，薛涛放眼一望，正见到月出东山，心下一动，想起一位古人，吟出最后一句诗——“似待诗人宝月来”。这等美景，恐是只有古代的诗僧宝月和尚方有才华来写诗赞美。这一句甚妙，既得抛砖引玉之功，又有自赞之意，在场之人，莫不惊叹。

说起宝月和尚，今人早已不闻，然唐代诗人无不知晓其盛名，今日在这凌云峰上，人们不禁想起了他的佳作《行路难》。登山殊不易，为人更复难，韦皋临近暮年，听闻“宝月”之名，当即就想起了这首诗：

君不见，孤雁关外发，酸嘶度扬越。
空城客子心肠断，幽闺思妇气欲绝。
凝霜夜下拂罗衣，浮云中断开明月。
夜夜遥遥徒相思，年年望望情不歇。
寄我匣中青铜镜，倩人为君除白发。
行路难，行路难，夜闻南城汉使度，使我流泪忆长安。

在场的皆是边关忠义之将，远离家乡戍守边关，沙场上九死一生赢得令名却英雄迟暮，听到“宝月”之名，皆心中愀然。

见诸人在沉思之中，韦皋直言“再来一首”，欲令薛涛再赋诗一首，以祝雅兴。薛涛亦诗性正浓，却瞥见地上的小花，便借宝月《行路难》之余意，吟出一首绝句——“闻说凌云寺里花，飞空绕磴逐江斜。”若登凌云寺，必自江边沿着大佛身旁的石阶拾级而上，而石阶陡峭狭窄，颇具“一夫当关，万夫莫开”之势，诗人谓之“春山古寺绕沧波，石磴盘空鸟道过”。行路难者，其言不虚，薛涛却以花为譬，等闲视之，展现出对困难的蔑视，是薛涛内心豪情世界的呈现，可谓柔中带刚，不落俗套，顷刻间将宝月之意化为己用，并借此称扬了边塞将士乐观的英雄主义精神。

“有时锁得嫦娥镜，镂出瑶台五色霞。”薛涛又借月言花，当月轮升起，花儿与月影重叠，“锁”在一处，便是人间难得的景色，正如瑶台的雕栏玉砌，镂出五色的云霞，这一比喻甚为新奇，在座者皆引为奇句。

这等景象非一般平原上的鲜花所能比，唯有在云间峰巅的花，临寒独放，方可“镂出瑶台五色霞”。此言赞花非凡品，又以花喻人，在这山巅修行的僧人、建造大佛的工匠、笑傲沙场的将士和领众保一方太平的刺史韦皋，皆是盛开在山巅的仙葩。

凌云寺之行，薛涛再展诗才，令无数英雄折腰称赞，而薛涛却对这山间晨钟暮鼓的清净生活心生渴慕，安静地晏坐在山头，对着湍急的流水与巍峨的佛像闭目冥思。

第四节

《寄词》——始信人间有别离

菌阁芝楼杳霭中，霞开深见玉皇宫。

紫阳天上神仙客，称在人间立世功。

死亡是无常对人类最残酷的提醒，前不久还意气风发的刺史韦皋竟然猝然辞世，正在浣花溪畔漫步行吟的薛涛听到这个消息，心顿时被掏空了。

薛涛心中的韦皋形象极为复杂：十六岁时，韦皋赏识她，却将她遣入乐籍，四年后又罚赴边塞；韦皋心中对她虽颇多爱慕，却飞扬跋扈，多逢场作戏，也令她心中一片忐忑与凄凉。不过几十年来薛涛承蒙韦皋的照拂才能脱离乐籍，自在地隐居在浣花溪畔，衣食无忧。如今韦皋一去，薛涛是忧是喜，都无法判断。毕竟他也是那个薛涛思念过、幻想过的大英雄，但是他喜怒无常，让薛涛受尽苦楚，却也安置了她，更成就了她盛唐诗名，细细想来，若不是韦

皋，薛涛一介女流，如何在人才辈出的大唐诗坛里赢得如是尊严。

几十年的爱恨情仇也该放下了，此时薛涛的心中，韦皋倒像是一个久已睽违的老友了。二十年来，她仰慕他的文韬武略，他欣赏她的才华横溢。此时他正安静地躺在棺椁之中，待薛涛前去一见，也可一杯清酒泯恩仇了。迎接薛涛的轿辇正在门前，她换了一件素黑的长衫，便向他的府邸匆匆赶去。

还是那个气吞山河的汉子，他永远地去了，但当薛涛远远地看到郡王府宅时，自然想起他的音容笑貌，宛在眼前，可是层层的白纱将屋子裹得如斯悲情，让人不得不承认逝者已矣。薛涛连忙下轿，与友人一道走进朱门，自然忆起诸多筵席上的美好经历，他的一举一动永远铭记在薛涛心间。可是，他的形影再也不会出现在校场之中，也不会出现在高堂之内了。灵柩停放在正堂之中，而墙上挂的还有韦大人的笔墨遗迹，苍劲依旧。眼前的情景，使薛涛神志恍惚，她不禁吟出哀婉的诗句。只可惜此时的薛涛无力将蘸满了深情的诗句辑录下来，今人也无福见到这首佳作。

薛涛沉重的心情好几日方才平复，刺史韦皋的棺椁还停留在府邸之中供人瞻视，人们还争相在街头巷尾谈论着南康郡王的功绩，还纷纷传说他便是诸葛孔明转世，所以与剑南缘分甚深，德荫蜀地万千居民，就连《资治通鉴》亦对此事有所记载。

唐故剑南节度使太尉兼中书令韦皋，既生一月，其家召群僧会食。有一胡僧，貌甚陋，不召而至。韦氏家童咸怒之，以弊席坐于

庭中。既食，韦氏命乳母出婴儿，请群僧祝其寿。胡僧所自升阶，谓婴儿曰，“别久无恙乎?”婴儿若有喜色。众皆异之。韦氏先君曰：“此子生才一月，吾师何故言别久耶!”胡僧曰：“此非檀越之所知也。”韦氏固问之，胡僧曰：“此子乃诸葛武侯之后身耳。武侯当东汉之季，为蜀丞相，蜀人受其赐且久。今降生于世，将为蜀门帅，且受蜀人之福。吾往岁在剑门，与此子友善。今闻降于韦氏，吾固不远而来。”韦氏异其言，因以武侯字之。后韦氏自少金吾节制剑南军，累迁太尉兼中书令，在蜀十八年，果契胡僧之语也。

韦皋终年六十一岁，在蜀二十一年，南诏归附，吐蕃称臣。蜀人皆服其智谋而畏其威严，朝廷追封其为太师，谥号曰忠武，极尽哀荣，薛涛再度祭奠故人，却生出无限感慨，春草秋月，周而复始，天地高伟的姿态彰示着自然亘古的伟力。凡人的生命却短暂而脆弱，一旦逝去就无法挽回。若世间真有玉皇紫阳，韦刺史于人间立此大功，当如传说中的诸葛武侯一般，再登天府吧。她不禁焚香叩拜，赋诗一首，于众人前称赞韦皋之厚德，肯定地向世人传达了自己的思想：韦皋已然登临天道，谒见天皇仙君，即使是九天之上的神明也称赞韦皋的丰功伟业。这首悼亡诗颇得六朝游仙诗的风采，此时的仙遇之辞完全摆脱了历来的空洞与浮夸，安抚了蜀中所有哀伤的士兵与百姓。他们直觉地相信，韦忠武公一定跻身仙阁，甚至将其画像奉若神明，家家皆祀之，这一风俗直到宋代司马光编纂《资治通鉴》时依旧十分盛行。韦氏之德，《旧唐书》中记载甚详实：

皋治蜀二十一年，数出师，凡破吐蕃四十八万，禽杀节度、都督、城主、笼官千五百，斩首五万余级，获牛羊二十五万，收器械六百三十万，其功烈为西南剧。善拊士，至虽昏嫁皆厚资之，婿给锦衣，女给银涂衣，赐各万钱，死丧者称是。其僚掾官虽显，不使还朝，即署属州刺史，自以侈横，务盖藏之。故刘辟阶其厉，卒以叛。朝廷欲追绳其咎，而不与皋者诋所进兵皆镂“定秦”字，有陆畅者上言：“臣向在蜀，知‘定秦’者，匠名也。”繇是议息。畅，字达夫，皋雅所厚礼。始，天宝时，李白为《蜀道难》篇以斥严武，畅更为《蜀道易》以美皋焉。

始，皋务私其民，列州互除租，凡三岁一复。皋没，蜀人德之，见其遗象必拜。凡刻石着皋名者，皆镵其文尊讳之。

而时人和后人也对韦皋多有敬仰，有许多诗篇或是歌咏韦皋，或是提到他的才情和功业。

譬如唐代郭圆的《咏韦皋》：

宣父从周又适秦，昔贤谁少出风尘。
当时甚讶张延赏，不识韦皋是贵人。

譬如宋代徐钧的《韦皋》：

抚边年久赋徭宽，善政春秋俗自安。
蜀道虽危今坦易，登天不比向时难。

譬如元代吾丘衍的《铜韦皋像》：

贞元美化出成都，遗爱文翁道岂殊。
三寸青铜人未识，可堪指点笑侏儒。

譬如清代傅为霖的《读工部诸将五首感次其韵（其五）》：

浣花无复少陵来，慷慨何人赋八哀。
南粤须眉瞻洗马，西征部曲想轮台。
何当印度通巴勒，无那班禅走渡杯。
共道韦皋是诸葛，筹边终藉栋梁才。

每个时代都有仰慕、铭记韦皋的人，更何况是与他亲密接触、曾经寄托过自己感情的薛涛！一段恩怨随风而去，徒留薛涛在这尘世中唏嘘嗟叹。一个和自己关系密切的人走了，他生前种种的好便都浮现了出来，让薛涛总是在不经意间黯然神伤。虽然对薛涛来说，韦皋在名义上是自己的主人，但其实薛涛对韦皋的感情很深，正是韦皋欣赏她、提拔她、照拂她，她才能在残酷的社会中生存下去，也感受到了久违的温暖。也许韦皋在心底里还是有主仆观念

的，但这对薛涛而言已经算不得什么了，尤其是在韦皋离去之后。

薛涛此时已经三十多岁，虽然悲怆不已，却也能够宽慰自己，只是那韦家妻小时而梨花带雨，时而号啕大哭，甚是可怜，薛涛不知该如何安慰。然薛涛一片赤子之心，只愿南康郡王留下的蜀中可以长久安宁，也不枉他毕生的心血挥洒了，但是薛涛没有料到的是，一场阴谋正在这片土地上酝酿。

第五章

盛世惊变——万里桥边女校书

人一旦过了而立之年，似乎就像迈过了人生的一道坎，会变得成熟而稳重起来。人生的激情开始慢慢消退，新的景色和新的可能缓缓展现。薛涛也在经历着这样的变化，三十年的风雨沧桑足以令一个人沉淀、蜕变。世事多难料，不过薛涛也遇到了生命中的第二个贵人——武元衡。平静的生活既让人觉得有点无聊，却也让人心安，而后者对饱经风雨的薛涛来说更加重要。薛涛在浣花溪畔继续与她的诗友唱和吟诗，日子就像门前的溪水潺潺流过，令人浑然不觉。

第一节

《贼平后上高相公》——愿大威佑蜀安宁

惊看天地白荒荒，瞥见青山旧夕阳。

始信大威能照映，由来日月借生光。

史料记载，元和元年（公元 806 年），西川节度副使刘辟割据西蜀，发兵围攻东川节度使李康。宰相杜黄裳力主讨刘辟，推荐时为神策军将领的高崇文为帅。宪宗乃拜高崇文检校工部尚书兼御史大夫，以士兵五千人，自长武城出兵。是年九月，高崇文连破刘辟军。次年二月，高崇文平定叛乱，入成都。

古来居于兵家久争之地者，家国命运相连。国兴，则民安；国衰，则民苦。自唐玄宗穷兵黩武，一意孤行地用募兵制逐步代替了原来的府兵制，边镇的军事力量就不断扩大，各地节度使的权力也随之膨胀，地方武装割据局面很快形成。唐后期，全国藩镇众多，各藩镇节度使拥重兵，彼此争权夺利，动辄发动兵变。薛涛所居蜀

地，因其独特的地理位置，早已被各方势力视为军事要地，借机便扰上一扰。

此时，薛涛早已入而立之年。韦皋去世给薛涛的打击很大，而且当时恰逢兵变，她只是一介女流，并无别的依傍，在战乱中她又一次感受到了久违的惊慌和孤苦。

平定叛乱的将领高崇文也是一代奇人。高是唐朝名将，朴重寡言，不识字。贞元中，随韩全义镇守长武城（今陕西长武县），累官至金吾将军。贞元五年（公元789年）夏，吐蕃军三万人进犯宁州（今甘肃宁县），高崇文奉命率甲士三千前往解救，大战于佛堂原，最终以少胜多，大破敌军。迁长武城都知兵马使。元和元年（公元806年），西川节度副使刘辟割据西蜀，发兵围攻东川节度使李康于梓州（今四川三台县）。宰相杜黄裳力主讨刘辟，推荐时为神策军将领的高崇文为帅。宪宗批准，拜检校工部尚书兼御史大夫，以士兵五千人，自长武城出兵讨贼。

是年九月，刘辟军连连败退，高崇文率军从阆州（今四川阆中县）直扑梓州。刘辟命人在鹿头山（今四川德阳县东北）筑城，以八道栅力阻，高崇文则派高霞寓攻下鹿头城以东的万胜堆（今四川德阳县东北），“士扳缘而上，矢石如雨；又命敢死士连登，夺其堆，烧其栅，栅中之贼歼焉”。八战皆胜，翌年二月二十六日，段文昌开门投降。高崇文进入成都之时，秋毫无犯，市肆不惊。刘辟等二十余口被押送回京师，蜀境遂平。刘辟有两个姿色出众的小妾，众将士劝高崇文纳之，高崇文却不为所动。监军建议献给皇

上，崇文说：“天子命我讨平凶竖，当以安抚百姓为先。奉献美人以求媚，岂天子之意么！崇文义不为此。”元和三年（公元 808 年）冬，加封同中书门下平章事，封南平郡王。元和四年（公元 809 年）卒，追赠司徒，谥威武。

可见高崇文虽然不识字，但却勇武异常，且深明大义，令人敬仰。对于这位平定叛乱、救百姓于水火的大元帅，薛涛自然也是十分感激，特此献诗一首。

全诗语朴情真，不多做修饰，可能也是为了照顾高崇文不通文辞吧，所以用最朴素的语言来表达心中最诚挚的感谢。一个“惊”字是薛涛心情最精炼的概述，也是当时百姓最直接的情绪流露；“白荒荒”三字精炼地描述出当时战后一派残破荒凉的景象，似犹惊魂未定。“瞥见”二字一转，说忽然看到青山依旧，夕阳依旧，一片血腥慌乱的景象不见了，这显然都是因为大人啊。末两句直抒胸臆，盛赞高相公的大威能够震慑天地，那天神一般耀眼的光芒照映了蜀中大地，令人们重见天日、大地重现生机。

诗中用天神天将来形容高相公的大威，并不让人觉得媚俗生硬，反而觉得十分贴切，显得铮铮大气，威严肃穆，仿若能感受到高相公的无上伟力，能看到蜀中民众热烈拥护的浩大场面。正如《名媛诗归》中所言：“开口自然挺正，而有光融拓落之气。”

第二节

《上川主武元衡相国二首》——女校书从此闻名

其一

落日重城夕雾收，玳筵雕俎荐诸侯。

因令朗月当庭燎，不使珠帘下玉钩。

其二

东阁移尊绮席陈，貂簪龙节更宜春。

军城画角三声歇，云幕初垂红烛新。

平定叛乱后，高崇文仅仅做了一年的西川节度使便请辞离去了。《新唐书》载高崇文“不通书，厌案牍咨判以为繁”，高崇文明白自己只是个打仗的料，没有治理一地的才能，而且终日阅看文书也令他心烦意乱，故而再三向朝廷请辞。唐宪宗也觉得高崇文不适合担任西川节度使，便将其召回，在一番深思熟虑后，派遣武元衡

前往蜀地代其出任。

武元衡，字伯苍，河南缑氏（今河南偃师市东南）人，是武则天的曾侄孙。武元衡少时天资聪颖，才华横溢。建中四年（公元783年），参加科举考试，因诗赋文佳，金榜题名，位列进士榜首，后任华原县令。累辟使府，至监察御史，后改华原县令。德宗李适曾召见元衡，很欣赏他的才能。因工作出色，一年内连升三级，官至左司郎中，可参政议事，发布号令。贞元二十年（公元804年），武元衡迁升御史中丞，掌监察执法、受公卿奏事、举劾案章之事，常与德宗咨议国事。顺宗立，罢为右庶子。宪宗即位，复前官，进户部侍郎。元和二年（公元807年），拜门下侍郎平章事，寻出为剑南节度使。

武元衡继任之初比较艰难，但凭借着过人的手段和出色的政治才能，很快将蜀地打理得井井有条。《新唐书》记载武元衡镇蜀仅三年，便取得了“上下完美，蛮夷怀归”的卓著政绩。

薛涛也是有感于武元衡的政绩，便写诗二首聊表恭祝。诗中的词句仿佛在诉说着这样的场面：

宴会设在厅内，厅外便是庭院，以及庭院上阔大的天空。恰值十五，朗月当空，清光注满大气。四周的事物都含着一种不同的光彩，清凉而澄澈。

厅内外本是两个世界，但相国豪爽，命人将门上的珠玉帘子高高地卷起，便是连高烛也不用点，月色便照亮了整个宴会厅。

从厅前的台阶到厅内的华毯，月光一点点爬上了摆满珍馐的几

案，爬上了乐者的琴和箫，爬上了席间人的膝，爬上了来客的心。月辉一直蔓延到了主人的高座，将武相国的脸照得宽阔而分明，如同人间另一轮朗月。

受这静谧之气感染，人声不再嘈杂，席间默契，宾客皆低声交谈，便连往来的脚步声都轻了许多。耳边只闻丝竹的乐音如流水，缓缓地荡在空气中，像食物的馨香抓着饥饿者的胃。一切都与一个平常的夜宴有些不同，因着那夜空婵娟。

月满天，酒满杯，豪情满怀，薛涛向相国举杯，共祝天长。

这虽然是一首赞美诗，但也写得十分巧妙，并没有流于媚俗或平庸。华丽的场面自是需要描绘，英勇威武的新任川主自然也需要颂扬，不过如果仅仅是这样的话，那就不是薛涛了。全诗似有一突兀之笔——“军城画角三声歇”，但纵观全篇，这恰恰是薛涛最为着力的地方，也是全篇的绝妙处。正是在热闹欢笑的宴会之间插入了这么三声画角，仿若醍醐灌顶一般，让人为之一警。是啊，战乱刚刚平息不久，不该这么快就纸醉金迷，我们需要时刻警醒，不能落入靡靡的享乐之中。另外，画角声也点明了时间，说明宴会持续时间之久。

武元衡自然也读到了这两首诗，心下也不禁凛然，同时也暗暗佩服起薛涛这个女子。武元衡可不比高崇文，自己就擅长写诗，与时人多有唱和。其诗有二美：

武元衡诗的“瑰奇”之处在于雕琢字句，求奇求工。譬如“鹤巢深更静，蝉噪断犹喧”（《长安秋夜怀陈京昆季》），写鹤巢幽深，

深而至静；蝉声聒噪，虽断犹喧。语句平平却引人意外之想。譬如“静见烟凝烛，闲听叶坠桐”（《甲午几岁相国李公有北园寄赠之作》），目睹青烟凝烛之状，闻桐叶坠地之声，静闲之态可谓浸入骨髓。“风翻凉叶乱，雨滴洞房深”（《夜坐闻雨奇严十少府》），诗人用“翻”字而不用“吹”字，脱俗求新，将落叶写活，也写活了风的动态之景。

武元衡诗的“绚丽”之处在于色彩绚丽、景物清丽。譬如“白露伤红叶，清风断绿萝”（《晨兴寄赠使君》）、“曙烟深碧条，香露湿红蕖”（《题故蔡国公下九华观上池院》）、“红烛摇风白雪翻”（《同诸公夜宴监军玩花之作》）、“红叶萧条白露生”（《酬谈校书长安秋夜对月寄诸故旧》）等句，白、红、绿多种色彩相杂而夺人眼球。譬如“花枝入户犹含润，泉水侵阶乍有声”（《南徐别业早春有怀》）、“山近峨嵋飞暮雨，江连濯锦起朝霞”（《送温况游蜀》）、“草木散幽气，池塘鸣早蝉”（《句假南亭寄熊郎中》）等句，都将景物刻画得十分清新、秀丽，且富有自然之感。

武元衡也早就听说了薛涛的名声，不过有心想试探一下这位“扫眉才子”。他忽然想起自己在来蜀中的途中曾经过嘉陵驿，有感而发，作了一首《题嘉陵驿》：

悠悠风旆绕山川，山驿空濛雨似烟。
路半嘉陵头已白，蜀门西上更青天。

前二句写嘉陵驿的景色，俱是行舟时所见，似是扑面而来，雄奇劲谲；后两句感怀自身，功业未成而衰鬓先斑，只能仰头望天，顿觉天空海阔，生出无限豪情和思绪。整首诗的艺术感染力显得很强。崎岖的山路，景色也随之变幻无穷，清新空灵，令人内心畅然。蜀道之难，行山之苦使诗的意境急转直下，强烈的景致对比十分地震撼，其艺术感染力之深确如《唐人万首绝句选评》所说的那样："意工、调高、格峻，不厌百回读矣。"

武元衡并未如同前任川主那般即刻召见了薛涛，而是拿了自己的这首诗请她唱和。于是，薛涛写了《续嘉陵驿诗献武相国》一诗回赠武元衡，诗曰：

蜀门西更上青天，强为公歌蜀国弦。
卓氏长卿称士女，锦江玉垒献山川。

李白蜀地一行，发出了"锦城虽云乐，不如早回家"的感叹，可见当地交通多不便。蜀地，东有长江三峡险峰叠嶂，南有云贵高原拱卫，北有巴山和秦岭屏障，西有青藏高原以及庞大的横断山脉相扼，往西行进天柱高不可攀，路难修矣，自古便于其他地方隔绝。民间戏言：山高石头多，出门要爬坡。

此前听闻蜀道之峥嵘崔嵬皆在文人的诗中，元和二年（公元807年），武元衡充剑南西川节度使，当他乘车盘旋于如蛇身、如天梯的道路，才真真切切地感受到蜀地的艰险。山已然高耸入云，停

驻的驿站四周被云烟环绕，似与人世隔绝。山路漫漫，行至一半时，便觉鬓白。内心的震撼不必多言，“蜀门更上青天”，仅此一句便将心情表露无遗。刘辟叛乱，扰得民不聊生，这个烂摊子现下便要自己拾起来，重整蜀地并不易，想到这里，再看看脚下的云层和身后破烂的栈道，武相国内心更是焦灼，夜不能寐。

世传卓文君与司马相如的传奇，便知蜀郡男女皆有情义，锦江从都城之东挟带丰富的鱼虾缓缓而来，玉垒山雄伟壮丽，直插入云，与天为伴，这一切都诉说着蜀郡来日的富庶。险峻的蜀道啊，纵使难以攀爬，若有满腔热爱，便不足为奇。琴弦慢慢地停下来，续诗已成。武相国脸上的神色，由犹疑到欣赏，转而是惊叹。这份胸襟，并非普通女子可有。其眼光如此长远，即便与幕中谋士相比也不为过矣。

此时，玉垒山霞光绽放，将锦官城笼罩在一片美丽祥和之中。他们站在崖边，衣服之袵在风中轻轻漱起，衣带与发丝随风而动，整个身体如谪仙一般飘然。他们放眼望着这大好的河山，心中涌起的豪情，便不是今日的我们所能体味得到的。

武元衡看后心中也是暗赞不已，觉得薛涛果然才情超绝，便立即召见。随着日后不断接触，武元衡愈加佩服薛涛，欲奏请她为女校书。校书，顾名思义，即是校勘书籍之意，后来变为官名。譬如在后汉，就以兰台令史典校秘书，如果是以郎任其职，便称之为校书郎；如果是以郎中任其职，便称之为校书郎中。直到魏朝时才设置了秘书校书郎一衔。宋代时，校书一任都有设立，隶属秘书省，

直到元代才被废止。武元衡十分欣赏薛涛的才能，“容貌颇丽，才调尤佳，言谑之间，立有酬对”，“僚佐多士，为之改观”，于是上奏朝廷荐薛涛为校书郎，这可谓轰动一时的事情。自古以来，校书这一官职就没有让女性担任过，这也体现出封建社会中女性地位的低下，男权社会中女性的发言权都几乎被剥夺了。而薛涛能够被武元衡奏请为校书郎，无疑说明了薛涛的才华，虽是一介女流，却能让须眉失色。虽然最终朝廷没有奏准，但“女校书”之名却不胫而走。后世称妓女而能文者为校书，就是以此为典故。诗人王建就为薛涛赋诗《寄蜀中薛涛校书》：

万里桥边女校书，枇杷花里闭门居。

扫眉才子于今少，管领春风总不如。

于是，“女校书”之名不胫而走，也成了称赞薛涛的最高辞令。不过有记载称是在韦皋任上奏请薛涛为女校书，不过从时间上来看还是武元衡之说更令人信服。

武元衡对薛涛也是颇多照拂，因此也有人附会他们两人之间发生过一段恋情，不过这些都已经无法考证了。不过笔者认为，这种可能性不高，也许两人彼此有过好感，但却是无法迈出那一步的，薛涛已经有了韦皋的那段经验，自然也是不敢对武元衡有非分之想的。

第三节

《上王尚书》——浣花溪畔有客来

碧玉双幢白玉郎，初辞天帝下扶桑。

手持云篆题新榜，十万人家春日长。

薛涛历事十一镇，王播也是其中一任。这首诗便是赠给王播的。

是日，春光明媚，柳絮纷飞，薛涛头顶帷帽，悄悄地离开了浣花溪畔，只为一睹新任节度使的风采。待她到达节度使府衙时，衙门口已经被围得水泄不通，感觉此刻全城的人都来了。此时，恰好衙中旧友路过，见薛涛于人群中观望，便邀其一同入内观礼。这便给了她近观王播的机会。

没有任何华丽的宣讲，王播身着一身紫色官袍，手持金色的委任书，从衙内走出来，面向众人宣告委任书。他白皙的脸庞，和友人所描述的很相近，不过他却多了份出世的仙气，若刚辞别玉帝从天而降的仙人。在耀眼阳光的照射下，他整个人都在闪闪发光，这

又像极了《海内十洲记》中对仙人食椹而体作金光色的描写。总之，与一般人大不相同。

听闻，王播少时孤贫，曾经客居扬州惠昭寺木兰院，随僧人一同吃饭，僧人对他皆不喜，每次王播到的时候，饭都已经吃完。后来自他以重臣之位，被时下之人知晓，回访旧地之时，曾经苦闷而为的诗都写在了碧纱幕上。如此看来，他少时受过苦，后来为官也一直设身处地为民着想，体恤百姓之不易。如此看来，这便是锦城十万人的幸运，便连春日也要长一些了。

而同时期，薛涛还有一首《浣花亭陪川主王播相公暨僚同赋早菊》诗：

西陆行终令，东篱始再阳。
绿英初濯露，金蕊半含霜。
自有兼材用，那同众草芳。
献酬樽俎外，宁有惧豺狼。

却看那早菊盛放之时，万花已然凋谢，竟然在那风霜之中，有如此一朵"初生牛犊不怕虎"的小花临风盛放。薛涛以诗赋菊，对这位走马上任的节度使满是期待，她以早菊为讽喻，以律诗为谏言，自是一番风趣。

"西陆"古代指太阳运行在西方七宿的区域，"东篱"自是用陶潜《饮酒》诗的典故，暗扣菊花。颔联咏菊花之英姿；颈联以菊

花作喻，引申到人，此处自是在称赞王播才情不与常人相同；尾联则是说自己十分敬仰王播不惧恶势力的精神，故于杯酒之外献上此诗。

此时，她已入知天命之年，幽居于浣花溪畔已经很久，心境与早年相比，更为沉静，心如止水，已无世俗贪嗔。与世俗离得远了，便能够以一副身外之姿，将境内之人看得通透。一生辉煌而过，留不下的带不走的皆抛，守得住的也只剩下这一副傲骨。

这个时候的她，就如同一朵晚秋的菊。彼时，世人能看到的是她风霜侵袭后的面容。如歌的岁月已经远去，她早已褪去芳华，不忧不扰，不惊不惧。在笑靥如花之后，她最深刻的皆嵌在灵魂里了。

她所有的跌宕，都是因为倔强；她所有的倔强，都通过历史给了她回响。悲苦都已尝过，她已然老去，却坚硬如旧，依然动人心魄。

菊傍篱，秋思无垠，且供从容。

可惜的是，薛涛的期望终究落空了，王播遭贬之后，竟一改过去几十年的为人作风，专以奉迎权贵为务，“大修贡奉，且以结赂宦官，求为相”，很快被召回朝廷，担任宰相，并在盐、铜税内，巧为苛敛，“民皆怨之”。世事难料，王相公的变节让人扼腕不已，薛涛此时对着自己曾写下的诗句，心中不知是何滋味。

在浣花溪畔，薛涛的生活也不是全然乏味的，且看这一首《春郊游眺寄孙处士二首》：

其一

低头久立向蔷薇，爱似零陵香惹衣。
何事碧鸡孙处士，百劳东去燕西飞。

其二

今朝纵目玩芳菲，夹缬笼裙绣地衣。
满袖满头兼手把，教人识是看花归。

踏青的习俗在先秦时已形成，唐代时寻春之风最胜，时人多好在春季结伴出行，孟郊《长安》诗中有“日日出西园，只望花柳色”之句，故“踏青”又称“花柳游”。男女结伴踏青，还叫“野游”或“冶游”，并流传不少动人故事。如《本事诗》载，唐代崔护一次踏青，遇一美女依于桃树旁，含情脉脉，并送茶给他喝。因萍水相逢，未通衷曲而别。次年重游，桃花依然，不见美人。于是在门上题诗道：“去年今日此门中，人面桃花相映红。人面不知何处去，桃花依旧笑春风。”薛涛于锦官城中广结名士，常与之一道出城郊游，亦是一段风雅韵事。

踏青寻春何为？正月梅花，二月桃李，三月牡丹，花开时贵族公子、仕女或载酒出城郊游，或选择园林胜地饮酒作歌，即使贫者亦以戴花饮酒为乐。

古人赏花的方式也是花样迭出。《开元天宝遗事》记载，学士许慎选为人放旷，不拘小节。每年春日，他都在自家花圃摆设露天

宴会，邀亲朋好友观赏花景。然而每次他都不放置坐具，而是让童仆收集落花铺于地上，而客人皆坐于花上。“我有天然的‘花茵’，何必再要那坐具呢?”于是，众人于花下宴饮，以酒赏花，举杯赋诗。

这一日，薛涛特意着一身大红夹缬笼裙，白色的丝线在衣上绣出了几支含苞欲放的蔷薇，在胸间以银色系结，外披一件同色帔帛，妖冶而华贵，有着倾城之姿。她于花间走走停停，摘花赏玩，在行进中长裙如花合散，举手投足间风姿毕现。远远望去，灼若芙蕖出渌波。

夹缬笼裙是薛涛为今日之郊游精心准备的，夹缬乃是一种古老的印染技术，秦汉之时已有，隋炀帝就曾令工匠印染五彩夹缬花罗裙，赏赐给宫中的仕女与百官妻女。到了唐代，夹缬技术更为精湛，色彩斑斓的衣裳盛行在每一个官宦之家，连官兵的军袍都经过了夹缬工艺，敦煌莫高窟的彩塑菩萨像上穿的多是夹缬织物。

《唐语林》尝谓：“玄宗时柳婕妤有才学，上甚重之。婕妤妹适赵氏，性巧慧，因使工镂板为杂花之象而为夹缬。因婕妤生日献王皇后一匹，上见而赏之，因敕宫中依样制之。当时甚秘，后渐出，遍于天下。”

薛涛今日盛装打扮，与诸君踏青，然碧鸡坊内孙处士却未能一同前往，薛涛甚是遗憾。历来孙处士善于清谈，于酬唱间颇多瑰丽之作，然今日独留城中，看不到这“乱花渐欲迷人眼，浅草才能没马蹄”的春景，亦错过了今日薛涛“醉缬抛红网，单罗挂绿蒙”的风姿。

暖风阵阵，花香袭人。她满发满衣皆是碎花，如花中仙子，醉卧花丛。她闭目，静静地听着周遭一切的杂音。浣花溪畔，有鸟儿鸣叫之声，有溪流的淙淙之声，有风吹树叶的簌簌之声。

薛涛轻轻颔首，久久地站立在蔷薇花旁，只因那花香酷似零陵香，馨香迎面而来，沾满了衣裳，这回真成了花中仙子，纵情于群芳间，极目远眺，漫山遍野的花草，与身上的华裳一般颜色。这旖旎骀荡的春光，世间万物在春色的沐浴下的勃勃生机，给人以清新之感。薛涛的心情舒畅极了，友人们赏玩春色时，不禁将目光黏在了这位女校书的身上，她却意有稍缺，因为最为知交的孙处士缺席盛况，不免无趣。她要将今日之景用笔墨记下，好好馋一馋他，谁叫他倒像一只不合群的伯劳鸟一般，将满城的春色都紧紧关在门外了。

薛涛难得如今日般天真烂漫，直欲在花丛中打滚，她偏是要调皮地在衣袖上、鬓角上都沾上新鲜的花瓣，连手中都抓着满满的一捧，回得城中时，叫人羡慕自己是看花归来。在众人看来，薛涛今日难得展露出久违的玩心，心底的纯真与春色也随着群芳一道苏醒，全然是个无忧无虑的小孩子。

笼裙本是为舞而裁，薛涛身着笼裙，游玩时有人弄笛吹箫，自然引来她乘兴起舞。她完全沉浸在音乐中，容色亦随之改变，而娇美的舞姿也与容颜相应，或轻捷或迟缓，变化不定。一会儿低头，一会儿仰首，一会儿回视，一会儿前行，姿态优美，无不婀娜可爱，令人喜欢。

浣花溪畔，也并不总是寂寞的。

第四节

《段相国游武担寺病不能从题寄》——多少心事付东风

消瘦翻堪见令公，落花无那恨东风。

侬心犹道青春在，羞看飞蓬石镜中。

题中的段相国便是段文昌——武元衡的女婿。段文昌性格豪爽，讲义气，不拘小节。自入仕途后，经历了唐宪宗、穆宗、敬宗、文宗四朝政治风云。初韦皋荐之为校书郎，拜监察御史，迁祠部郎中，加知制诰。穆宗时，拜中书侍郎平章事。后授西川节度使，同中书门下平章事，治尚宽静。文宗立，拜御史大大，封邹平郡公，自检校左仆射徙帅荆南。后为剑南、西川节度使以卒。

薛涛与武元衡的缘分真是不浅，连他的女婿也来做了西川节度使。这首诗可以看出他们之间关系还是不错的，平日里共同交游赋诗，也是十分愉快的。

少时曾在一片朦胧的金灯花海里，跪于雨后的荒野，呼喊着渐渐消逝的亡父魂灵，许诺着要守护只剩她与母亲的薛宅。如今，在一片朦胧中，记忆里的她已经很淡很淡，就连那一身红衣也不再鲜活。

是啊，岁月那样无情，她恍然已过半百，其母早年就已经随亡父而去，此刻在清冷的屋子里靠床写信的，是缠绵病榻的薛涛。今日本该赴段相国的约，却无奈旧疾复发，只能安卧家中。

老年的薛涛幽居浣花溪，常着冠服，全身皆素色，大有隐士的风姿。家中宾客不多，即使有访客，大多也是旧友小叙，抑或是现任官员就城中之事需要听她的建议。通常就是在亭中布一茶席，把话清清淡淡地讲完即散。偶尔有兴致，邀几位友人郊游，舒活一下筋骨。

这样的养生，让薛涛一直觉得自己身体还很不错，稍微装扮一番，还尚能入眼。精力也还好，很少会觉得疲惫。然而这一年病来如山倒，整个人苍老了许多。最近几日，身体愈发差了些。鬓间华发一根根冒出来，几天下来，已白了一大片，完全不可以同往日那样，简单地挑出来，然后染成乌色。尾随而来的食欲不振，致使她身体消瘦不堪。脸色开始变差，头发也不再泛着光彩，就连眼角和手指也多了许多皱纹。岁月就这样以极快的速度在她身上划下了痕迹。

今晨，她从石镜中看到头发散乱的自己，不禁吓了一跳。尽管她不想承认自己终究还是“老了”，然而事实却再也无法掩饰了。“落花成冢东风葬”，本在枝头招展的生灵，怎能不怨顷刻间吹落它的东风？此时的薛涛便有着落花的心情。

她已经接近旅途的站点。这一生，在曲折颠沛的路上，她一直未能停歇，而现在终于要安静下来了。

给段相国的信已快写完，她题一首小诗于上，在诗的末尾调皮地写道：“现在从镜中看到自己都觉得羞愧。”多愁多病身，故而不能相陪，真是抱歉了啊。

薛涛与段文昌的缘分也不浅，有一首《赠段校书》是送给他的儿子的：

公子翩翩说校书，玉弓金勒紫绡裾。

玄成莫便骄名誉，文采风流定不知。

汉唐盛行荫任制，以荫受官，有功勋的官员可以保任其子弟为官。在该制度下，虽然出了一些有作为的官员，然而大部分乃是庸庸碌碌之辈。段成式本为段文昌之子，乘父荫为校书郎。虽其本身才华横溢，但若不经提点，怕也会如汉朝丞相韦贤少子玄成，文章风采虽然超过其父，但在坚守正道和老成稳重等方面却望尘莫及。

段文昌知道薛涛虽是女子却有着过人的智慧和才能，于是特意让自己的儿子来拜访她。其子因读书过杂，所写皆令人瞠目，段文昌不得以拜托薛涛，望其给儿子一些规劝。

薛涛对段成式的才华很欣赏，虽然其所写与常规文稿皆不同，然而她本就是打破常规的女子，所以对他所著之书便多了一份客观的看法。然而她借玄成之事，想要告诉他的是，虽然他所行异于常

人，然而却不能因此而与世隔绝，精神可以特立而不可独行。毕竟他还年轻，以他的才华，日后还会写出更精彩的东西来。懂得处世之道，能帮其在著书途中少些阻碍。

在郊外的猎场，薛涛与段成式席地而坐，在一片祥和氛围中，她将道理娓娓道来，间或援引一些前朝例子，循循善诱，以长者的姿态，给予了这位后辈一堂生动的人生哲理课。

“古之立大事者，不惟有超世之才，亦必有坚忍不拔之志。”她希望段成式，不仅仅是超世之才，更能以读书人应有的担当去做些利国利民的事。

由此可见，段文昌与薛涛也走得很近，因而也有人传他们二人之间有一段风流佳话，不过这也仅仅是后人附会罢了。门第与身份的差距摆在那里，薛涛还是无法跨越这一步的。

第五节

《摩诃池赠萧中丞》——凄凉水波逐梦去

昔以多能佐碧油，今朝同泛旧仙舟。

凄凉逝水颓波远，惟有碑泉咽不流。

元和十年（公元 815 年），有噩耗传来：武元衡在早朝时被平卢节度使李师道派遣的刺客刺死，终年五十七岁。薛涛与萧祐，昔日同在武元衡幕府，今日则同悲当年之碑泉犹在而元衡已故。

这首诗便是薛涛与萧祐同悼武元衡而作。

昨日，听闻萧中丞约她于摩诃池时，薛涛的心一刹那就如同豁开了一道口子。这日，在应约的车上，她脑袋里一直嗡嗡响着，似乎有许多蚊蝇在耳边飞动，吵得她根本无法思考。一路的天气如何，哪些旧识曾打过招呼，自己又是如何回答的，这些她全然不记得。

当她掀开车帘子，站到摩诃池边时，昔日的场景扑面而来，那一刻她泪流满面。

年前与武相国、萧中丞等人一同到摩诃池游玩。那时，武相国第一次去，站在摇摇晃晃如同行于龙脊上的湖面问摩诃池的名字是由何而来。薛涛打趣其无知，后告诉他曾经有一位僧人路过此地，见到这座湖便惊叹道“摩诃宫毘”，摩诃意为大，宫毘罗为龙，说的是池大如宫殿能藏龙，于是这个名字也就流传了下来。

那时，薛涛因为才能出众，所以经常出入武相国的幕府，一来二往，两人的关系就亲密了。后来武相国被召回，主张削藩以恢复大唐元气，便遭到了许多反对派的阻挠，薛涛一直十分记挂。现在，萧中丞约在同样的地点，所谓何意，其实薛涛心中已经猜到了，只是不敢承认。

然而当薛涛真的得知武元衡遇刺身亡的消息后，当即如五雷轰顶：命运又和她开了一个大大的玩笑！昔日韦皋离去已经给了她沉重的打击，现在武元衡的死更是让她雪上加霜。薛涛有一段时间都是浑浑噩噩、不知所往的。薛涛不禁想起前段时日在送别卢员外时，还曾提起过武元衡，这世间的命运竟残酷如斯吗?！她含着泪水翻出了《送卢员外》一诗：

玉垒山前风雪夜，锦官城外别离魂。
信陵公子如相问，长向夷门感旧恩。

北风卷地，狂躁如奔牛；飞雪漫天，万千鹅毛舞，天地间苍茫一片。往日高耸入云霄的玉垒山，此时完全消失于夜色中。人人目

之所见，除了茫茫夜色，再无他物。这样的天气，连眼睛都不敢完全张开，半眯着，谨防细碎的飞雪溜进眸中。灯更是不能点在外，怕一遇到风就灭。

平日里二更才会安静下来的街市，此时此刻静谧得就像大姑娘转了性情，小摊小贩皆无影踪。竖起耳朵来听，锦城里，就连更声也无人再报，宛如一座空城。

可若是此时有人路过城门，便会看到一抹红在风雪中招展，将这幅冷寂的雪夜图点缀得生动起来。这便是刚脱离乐籍不久的薛涛。若在平时，她应是烤着小火炉，闲窝在榻上看书。而此刻，她冒着严寒站在城门口，一面是为友人践行，一面也算是托友寄词给旧人。

都说离别最伤怀，更哪堪风雪夜。“此地为一别，孤蓬万里征”，这一别，流光匆匆，此会在何年？这一见，下一次见面会是何时？也许每一眼都会是最后一眼，也许每一句话都会经历别后经年。送别友人，薛涛总是习惯早到一刻，因这别离苦，让人更加珍惜相聚时。

正在她静看这锦官城时，卢员外的马车“哐当哐当”地穿破夜色而出了。于是薛涛转身，微笑，笑意打破了冰。红衣覆白雪，绝色好姿容，一眼望去，简直让人怀疑是雪中仙子现了真身。

一番离别寄语，总是抵不过时间流动。不多时，天便愈加暗了，风呼啸得更厉害了，像是在催促离人的脚步，那么无情。薛涛与卢纶一行人于城门口送了又送，躲不过的终究会来。要离别的人、要分隔的事，唯有用希望去抓，期盼来日再相聚。

纵使此后便隔千里，也记取着这份关怀。不知从何时开始，她

似乎已经习惯了离别。在她的生命里，总是人影匆匆，这场流水的戏中，不变的只有她自己。人们走进她的生命，留下点点滴滴的痕迹，常常是突兀地就离开了。来时没有敲门拜帖，走时也从不认真问取她的同意。

从哪一天起，她不再有眼泪，不再有叹息。看惯了离别，就像看惯了秋风吹落叶，春雨点花枝。她总是淡淡地将失落隐在眸下，留给人巧笑盼兮，杯酒赠离词。

战国时，魏昭王少子无忌，封信陵君，仁而下士，食客三千。“魏有隐士曰侯嬴，年七十，家贫，为大梁夷门监者。公子闻之，往请，欲厚遗之。不肯受——公子于是乃置酒大会宾客。坐定，公子从车骑，虚左，自迎夷门侯生。”夷门为信陵君所居之河南，然武元衡亦为河南人，故以此喻武元衡所居之地。

武元衡出任剑南西川节度使时，曾厚待薛涛，薛涛感其知遇之恩，此次卢士玫前往京城，任吏部员外郎，薛涛拜别卢员外，嘱咐其在武元衡宰相问起自己时，便说薛涛一直向着夷门遥拜，感其旧恩。

几十年来，生活经历了巨大的变动，时间却不曾走慢一点。与韦皋别后，薛涛时时想起这些年的种种，在她一文不值、零落市井时，他的知遇之恩是何其珍贵的暖光。她总是会想起十五岁的那个夏日，夏蝉有些躁动地唱着，他从席间向她走来，帐内灯火辉煌，而他的眼睛却盖过了那些光亮。她偶尔也揣想，如果没有韦公会如何，她还是现在的她吗？这样一来，便更加怅惘了。

最后一个笑容，凝在她的脸上有些无奈。她想起以前懵懂不知

世事的自己，总是平白的，罔顾了韦公的一番爱怜。此时借侯嬴抱关之说，即是遥寄自己的感激与惦念，终于将那些想说的话说了出来。虽无多少意义，却还是想让彼此都能释怀，毕竟那是她韶华最丽、他风光最盛时。那时的相聚，便是人生最绚丽焰火的交汇。

风雪似乎没有要停止的意思，这便又是一个寒夜了，路途上的人，难免要吃些苦头了。车辙声远去，卢员外一行已上马离开。薛涛还在站在原地，像一截红玉。

四野空旷，远方却不能望到更远。看着他们慢慢地消失于天际，她的泪缓缓地流了出来，无声无息，不能自已。天地肃静，忽然不知从何处响起了更声，“当——当——当——”

从离愁中醒来，她觉得似乎更冷了。

在这段时日里，薛涛还遇到了一个特别的人——韦皋的侄子，便写了一首《赠韦校书》：

芸香误比荆山玉，那似登科甲乙年。

淡池鲜风将绮思，飘花散蕊媚青天。

《龟蒙攻略》中载：“芸香辟纸鱼蠹，故藏书台称芸台，阁称芸阁。”亦即校书之处。《太平寰宇记》中卞和得玉于楚荆山，因而用荆玉比喻此人有才能。甲乙即是科举的次第。

“洞房花烛夜，金榜题名时。”古往今来，登科及第便是读书人梦寐以求的成就，多少学子十年寒窗日夜苦读，只为有朝一日得偿

所愿。不仅男子，就连有才学的女子，内心里也有此盼望。如唐朝的上官婉儿，虽然曾因祖父上官仪获罪被诛受牵连而贬为奴，却凭着一身才华，在十四岁时得武则天重用，掌管宫中制诰多年。得“巾帼宰相”之名的女子，羡煞了多少与她同命运的女子。薛涛，亦然。

近日，薛涛听闻韦校书登甲乙，私下里不由得为他终能在更广阔的地方施展才华而感到欣喜。她想起很多年前还是一个稚嫩小儿的自己，那时父亲还在世，她偶然读了几本史书，写的是历史上的女官，便兴奋地撂下豪言，有一日也要像那些女杰一样以才华为民请命。光阴一刹那就过去了，如今看来，这梦想却终未能得偿。

见到韦皋的侄子，薛涛心中自然也不免会想起韦皋——这个多年之前就已登临仙阁的人。多少年了，她还是会忍不住回忆起他，在这个天朗气清的日子里，沉淀在心底的往事又渐渐浮现出来，随着这风、这飘落的花瓣，一起盘旋飞舞在冥冥的晴空之上。

韦皋与武元衡的相继离世给薛涛的打击几乎是致命的，这是她生命中的两个贵人，是她一生都感激、铭记的。现在，两人都已故去，剩下她一个弱女子，要在这天地之间去依靠谁呢？

第六章

入骨相思——一纸红笺赋情殇

曾经有人说过，能将生命的激情彻底点燃的只有两样东西：革命与爱情。古往今来，有多少文人墨客写赋吟诗，歌唱这爱情的美好；又有多少英雄豪杰难过美人关，为情而冲冠一怒；而又有多少女子佳人伤心见弃，却依旧痴心守候？“问世间，情是何物，直教人生死相许”，元好问的这声千古一叹，道出了世间所有有情人的心声。薛涛已经年过不惑，但她没有真正有过一场恋爱。所以当爱情的火焰燃起的时候，她义无反顾地扑了进去，哪怕这火焰会将她焚烧殆尽。当火焰渐渐熄灭，薛涛觉得自己的一生也失去了色彩。她不去怨什么，既然爱过，就不会后悔。只是在夜深人静的时候，天上的星辰在诉说着谁的故事？

第一节

《四友赞》——金风玉露一相逢

磨润色先生之腹，濡藏锋都尉之头。

引书媒而黯黯，入文亩以休休。

元和四年（公元 809 年）三月，元稹授监察御史，奉命出使东川。在此期间，元稹写下了一首小诗——《好时节》：

身骑骢马峨眉下，面带霜威卓氏前。

虚度东川好时节，酒楼元被蜀儿眠。

元稹，字微之，和白居易并称的著名诗人。父元宽，母郑氏。元稹二十五岁时与白居易同科及第，并结为终生诗友。元和初年（公元 806 年），为应制策第一。他与白居易共同倡导“新乐府”运动，主张恢复古代的采诗制度，强调以自创的新乐府题咏写时事，

从而发扬《诗经》和汉魏乐府讽喻时事的传统。元稹的创作，以诗成就最大，其诗辞浅意哀，仿若孤凤悲吟，极为扣人心弦，动人肺腑，作品被时人称为“元和体”。现存诗八百三十余首，收录诗赋、诏册、铭谏、论议等共一百卷。

就是这样一个声名显赫的诗人才子，在蜀地和薛涛相遇了。据张篷舟先生考证，元稹“为东川监察御史，慕涛欲见。司空严绶潜知稹意，遣涛往侍，涛至梓州晤稹”。按照这种说法，是严绶促成了元稹与薛涛二人的相见，虽说是授意结交，但两人皆倾慕对方之名，相见大概也是必然的事情。

金风玉露一相逢，便胜却人间无数。

这一年，薛涛四十一岁，元稹三十岁，两人在蜀地相遇了。元稹是一个久负盛名的翩翩佳公子，薛涛是一个才情不让须眉的脱俗女子；元稹风流多情，期待着一场邂逅，薛涛寂寞无依，渴望着一次爱情；元稹倾慕薛涛多时，薛涛亦闻得元稹之名。一切都是那么凑巧，一切都是那么自然，元稹和薛涛相爱了。

当时的薛涛已经不再年轻，但她如雪的肌肤、出众的气质和卓越的才情依旧使得元稹眼前一亮。四十岁的女人，美在如蕙如兰的气韵，美在坚守自我的风骨，美在不让须眉的才情，美在历经沧桑的端庄。十年的差距在两人的眼中自然算不得什么，一切在爱情面前仿佛都失去了意义。

薛涛在和元稹的会面之初，就写下了这首《四友赞》送给元稹。

《周礼·保氏》里有载：“养国子以道，乃教之六艺：一曰五

礼，二日六乐，三日五射，四日五驭，五日六书，六日九数。”“通五经贯六艺”的“六艺”之中即有书法，可见古人从很早开始就十分重书法。

古代的文人墨客，若是书法极妙，犹能得他人青眼，甚而被世人传颂。就如同书圣王羲之，他的字“飘如游云，矫若惊龙”，被称为“天下第一书”，就连在帝王书中首屈一指的唐太宗也十分崇敬他。而他幼时于天台山练字时墨染碧池，于是便有了“墨池”的故事被长久地流传下来。

历史上的薛涛也曾以一手好字被时人称道。《宣和书谱》里这样形容她的书法：“作字无女子气，笔力峻激，其行书妙处，颇得王羲之法，少加以学，亦卫夫人之流也。每喜写己所作诗，语亦工，思致俊逸，法书警句，因而得名，非若公孙大娘舞剑器、黄四娘家法，托于杜甫而后有传也。”这样的称赞在女子中可谓极高了。卫夫人本是王羲之的书法老师，她在世人眼中能够与此二人有堪比之处，尽管书中之言不可全信，却也表明了她的书法要高出常人太多。惜乎今日《萱草》亦不传，更如《书谱》所言，薛涛未能遇到她的“杜甫”，为之赋诗形容，流传后世。

而说到书法，不可不提“文房四宝”——笔、墨、纸、砚，这可是练字之人必不可少之物。值得一提的是，在使用之余，文人雅士还给它们取了人性化的名称，甚至封了官职。中山、新绛、会稽、弘家，皆是出上品之地，于是便有了中山人毛颖、绛人陈玄、会稽褚知白、弘家陶泓的昵称。而管城侯、松滋侯、好侍侯、即墨

侯，这四种官职则是出自各自的特性。

这首杂言小诗看起来似乎是在吟诵文房四宝，小巧玲珑，藏锋笔端。而薛涛的用意显然不止于此，她是要用这种方式来告诫意气风发的元稹。“磨润色先生之腹”讲砚台，实则是在告诉元稹要重视腹中学问，须好好打磨；“濡藏锋都尉之头”言指毛笔，而用意也明白，便是“藏锋”，她在告诫元稹要懂得收敛锋芒，不可恃才傲物；“引书媒而黯黯”在说墨，意在说做人要朴实无华；“入文亩以休休”在讲纸，则是在劝诫元稹待人要宽容。

薛涛给元稹写这首诗，并不是为了炫耀自己的才华有多么出众，而是出于友人之间的真心才出语劝诫；之所以采取这种曲折的方式，一方面是文人常用的手段，另一方面也在于薛涛自己小心翼翼。元稹读到这首诗时，也是忍不住惊叹，并不是因为文辞和典故，而是为这一份睿智和勇气。

关于薛涛与元稹情事之真伪，历来众说纷纭。范摅在《云溪友议》里面就说元薛之事是“街谈巷议”、“草野传闻”，所论“皆不足取”。张篷舟则认为确有其事。不过，坊间传闻必不是空穴来风，而从元稹有意隐匿诗集中与薛涛的唱和来看，两人之间必定有着非同寻常的关系。元稹在《寄赠薛涛》一诗中有这么一句：“幻出文君与薛涛。”而在前面的《好时节》中正巧有“面带霜威卓氏前”一句，“卓氏”自然是指卓文君，那么这一句是否说的就是他与薛涛的相遇呢？

不管怎样，薛涛与元稹在蜀地相遇了，并发生了一系列浪漫而传奇的故事。然而，个中的苦辣酸甜，也许只有薛涛自己才能明了吧。

第二节

《赠远二首》——多情自古伤离别

其一

芙蓉新落蜀山秋，锦字开缄到是愁。

闺阁不知戎马事，月高还上望夫楼。

其二

扰弱新蒲叶又齐，春深花落塞前溪。

知君未转秦关骑，月照千门掩袖啼。

浮生长恨欢娱少，“红杏尚书”宋祁这一句词写得真是一点不错，道尽了天下即将分别的有情人的心声。薛涛与元稹在经历了一次短暂而热烈的恋爱之后，也不得不面对这人生的别离。元稹此时已经完成了他在蜀地的事务，须离开成都前往京都了。纵然此刻两人都是千般不情、万般不愿，但面对生命中不可转圜的安排，也只

得挥泪作别了。我们甚至可以想象他们别离的场景：马鸣萧萧，三步一顾，泪眼婆娑，欲说还休。千百年来，情人分别的画面总是叫我们唏嘘，无论是“执手相看泪眼，竟无语凝噎”的依依惜别，还是“似此星辰非昨夜，为谁风露立中宵”的苦苦相思，都让我们心有所感，拨动起我们内心深处的某一根弦——也许是因为我们每一个人的心中都有一幅离别的场景吧。

薛涛此时必定是愁苦万分的，这是她第一次真正品尝到爱情的滋味，和元稹共同度过的这一段你侬我侬的日子是她一生中最幸福快乐的时光。在这相处的一年里，薛涛放下了自己的小心翼翼，放下了自己的莫名担忧，全身心地投入到与元稹的爱情火焰之中。而现在分别在即，薛涛怎能抑制住自己心中的失落与痛苦？而且薛涛也隐隐地感觉到：这次一别，不知何时才能够再次见面了，有可能那个时候的她已经人老珠黄，也有可能再无相见之期。佳期如梦，而梦终有醒时：元稹走了，只留下薛涛一人肠断浣花溪。

一念辄伤心，题诗聊赠远。

“芙蓉”即是荷花，芙蓉开始凋落，预示着热烈的夏日一晃而过，一眨眼就来到了秋天，万物萧飒。宋玉在《九辩》中写道：“悲哉秋之为气也！萧瑟兮草木摇落而变衰。”悲秋是传统的诗歌题材和情感基调，薛涛开篇写蜀地的秋日到来，也暗含有爱情的热烈已经消退的意思。

“锦字开缄”，或许是元稹在别后寄来了书信，或许是薛涛设想一位闺阁女子接到了远方丈夫的来信，这让我们不禁联想起宋代女

词人李清照的那首著名的《一剪梅》：

红藕香残玉簟秋。轻解罗裳，独上兰舟。云中谁寄锦书来，雁字回时，月满西楼。

花自飘零水自流。一种相思，两处闲愁。此情无计可消除，才下眉头，却上心头。

多月甚至多年不见，一封锦书的意义不言而喻。而接到锦书的人应该是欣喜的，心爱的人终于有了消息；但看完锦书，却又满是哀愁：远行之人未言归期，不知何时才得聚首，只能继续寂寞地等待。薛涛同样是这种心情，空守春秋冬夏，愁似门前流水，日日不减。

“闺阁”句虚写一笔，描写的是想象中一位闺阁女子在盼望从军的丈夫归来，虽然长久过去了仍旧没有他的消息，但每个夜晚玉兔渐升，女子还是会登上楼阁，遥望丈夫所在的方向，思念之情动人心弦。在这里，望夫楼并非真有确处，而是薛涛因诗中之意故作此名，也是直接点明主旨，揭出自己的所思所念。

第二首开头亦是先点明时令：菖蒲新叶初齐，是春末夏初之景物。二句也言明是晚春时节，花朵飘零到溪水之中。这里的“塞前”应该就是指薛涛所在的蜀地，当时四川是边塞要地；而“塞前溪”大概就是薛涛所在的浣花溪吧。又是一年春暮，众芳辞别枝头，而薛涛即将和她的爱人分别，春愁离愁，别是一番苦恨。“知君”句作遥想，思别后之场景。此时薛涛与元稹分别之后，不知何

时才能再见，毕竟元稹只是路过此地，他有他的家庭和事业，薛涛自己也清楚，元稹不太可能为了自己而一直停留在蜀地，而自己也不可能追随元稹而去，分离似乎是早就注定的命运。闺妇遥想征人戍边，清冷的月光洒遍千家万户，而此时正有阁中女子掩面啼哭。这不也正是薛涛的写照吗？一年的如胶似漆最终面临别离，命运的无常这么快就降临在这对相爱的人儿身上，尤其是薛涛，她在这场爱情中投入了自己全部的热情和心意，元稹是她真正敞开身心爱上的第一个人，也是最后一个人。元稹虽然也爱着薛涛，但显然是没有薛涛的这种决心和勇毅的。两人在分别时定然是痛苦的，然而风流公子多情债，元稹可以走得潇洒，薛涛却只能等得凄然。月光皎皎，独照伤心人处，薛涛在与元稹分别之后，也许只能以泪洗面吧。薛涛已经过了风华正茂的年岁，她敢投身于和元稹的爱情已经是了不起的壮举了，现在更要忍受相思的煎熬，可叹可怜。

诗题《赠远二首》看似普通，只是说赠给远方之人，并未言明远方之人到底是谁，但我们只要认真读一下这两首赠别诗就不难发现，这应当是薛涛写给元稹的，并非一时附会。全诗的意象、典故和设想的场景，皆是闺阁女子思念远行人、妻子思念丈夫、思妇担心戍边人之类，这在薛涛的别离诗和赠别诗中都是十分独特的，全作小女儿设想，相思之情溢于言表。这种近乎直言的方式让我们不得不想到这是首情人分别后的相思之作，甚至在“月高还上望夫楼”一句中直接点出“望夫”二字，可见情愫之深，恍若真是眷侣惜别。而纵观薛涛的一生，能让她产生这种情愫、让她提笔写下这

些诗行的人，大概也只有元稹一人了吧。在这爱情的火焰中，薛涛投入了自己全部的感情和期待，她知道自己再不好好爱一场就没机会了，所以即便她知道元稹是个风流薄幸郎，即便她知道这场姐弟恋很难有什么结果，即便她知道一旦分别日后难再相见，她仍旧将一腔真情献给了元稹。在爱情的天平上，没有值与不值，只有愿与不愿。

那么元稹——一个风流才子，他在这场爱情中扮演了一个怎样的角色？可以肯定的是，元稹的才华是吸引薛涛的首要因素。元稹之所以会和薛涛见面，也是仰慕她的才华，毕竟一个女子能够和当时的男性诗人们唱和而不落下风，这是极其难得的。元稹少年风流，用情深广，薛涛虽然已经年过四旬，但气质风韵犹存，也许是一见钟情，也许是日夜交游唱和暗生情愫，两人心意相投，暂作缠绵。元稹不久之后就调离四川，虽是不忍分离，但三十一岁正是一个男人建功立业的大好时候，元稹不可能为了薛涛而放弃自己的前途，倒也走得决绝。

陈寅恪先生就对元稹的这种态度颇不以为然，“综其一生形迹，巧宦故不待言，而巧婚尤为可恶也。岂多情哉？实多诈而已矣”。

元稹一生与多位女子有过情愫，而人们大多觉得他是一个用情至深的人，恐怕是因为那首广为传唱的《离思》吧：

曾经沧海难为水，除却巫山不是云。

取次花丛懒回顾，半缘修道半缘君。

《离思》实有五首，此乃其四，最为传诵。这是元稹的第一位妻子韦丛去世后，他在悲痛中写下的悼亡诗。语真情切，悲声扑面，仿佛历经沧海桑田，一切重回原点，而曾经的巫山云雨，只是断梦一场。韦丛的死对元稹是一个巨大的打击，他多次赋诗，悼念他这位早逝的妻子。其中又以《遣悲怀》最为著名。

其一

谢公最小偏怜女，嫁与黔娄百事乖。顾我无衣搜画箧，泥他沽酒拔金钗。

野蔬充膳甘长藿，落叶添薪仰古槐。今日俸钱过十万，与君营奠复营斋。

其二

昔日戏言身后意，今朝皆到眼前来。衣裳已施行看尽，针线犹存未忍开。

尚想旧情怜婢仆，也曾因梦送钱财。诚知此恨人人有，贫贱夫妻百事哀。

其三

闲坐悲君亦自悲，百年都是几多时。邓攸无子寻知命，潘岳悼亡犹费词。

同穴窅冥何所望，他生缘会更难期。唯将终夜长开眼，报答平生未展眉。

读这些诗篇，你仿若真以为句句字字用泪墨写就，写诗之人用情笃深。在这些诗行中，元稹细数了自己和韦丛相识相爱的过程，用朴素简单的语句慢慢道来，仿佛是最不经意的小事和瞬间，现在回想却是无端感念，不能再得。其中悲切，谁能尽知？“唯将终夜长开眼，报答平生未展眉”更是以淡淡语写尽深深情，令人唏嘘垂泪。后世历代诸家对这组悼亡诗都有极高的评价，《唐体余编》：“第一首生时，第二首亡后，第三首自悲，层次即章法。末篇末句‘未展眉’即回绕首篇之‘百事乖’，天然关锁。”《唐贤小在昧续集》：“字字真挚，声与泪俱。骑省悼亡之后，仅见此制。”《求志居唐诗选》：“悼亡之作，此为绝唱。元、白并称，其实元去白甚远，唯言情诸篇传诵至今，如脱于口耳。”清代的蘅塘退士在《唐诗三百首》中更是标举此诗，“古今悼亡诗充栋，终无能出此三首范围者，勿以浅近忽之”。

然而，就在韦丛亡后不久，《离思》、《遣悲怀》墨迹尚未干透，元稹就续娶了河东才女裴柔之。裴柔之也家世显赫，是唐宪宗元和年间宰相裴垍的女儿，自幼习读诗书，颇有才思，现《全唐诗》收录其诗两首。元稹这么快就把他和韦丛七年的恩爱生活抛诸脑后，不禁令我们有些诧异：这还是那个深情满满的元稹吗，还是那个用“长开眼”去报答“未展眉”的元稹吗？也许元稹就是一个

如此矛盾的人：他深爱着自己爱上的女子，然而却把这份深情用在了很多女子的身上，他的真心和深情给得是如此轻易，以至于我们觉得他的深情就此打了折扣，甚至怀疑这种深情究竟有多少分量在其中。

然而薛涛不管这些，她在乎的是“但娱春日长”，既然秋日迟早要到来，倒不如轰轰烈烈去爱一场，在稍纵即逝的灿烂时光里绽放绝美的风姿。

第三节

《江边》——为谁风露立中宵

西风忽报雁双双，人世心形两自降。

不为鱼肠有真诀，谁能夜夜立清江。

薛涛在秋天写的诗多了起来，因为这个秋天她经历了太多，多到要用一生去承受。

西风乍起，往事不堪寻。多少诗句中只要“西风”一出现，我们就感到飒飒生凉，悲愁自起。“西风吹渭水，落叶满长安”、“西风耿离抱，江海遥相望”、“西风袅袅凌歌扇，秋期正与行云远”、“一叶随西风，君行亦向东”、“南浦凄凄别，西风袅袅秋”、“谁念西风独自凉”……每当我们吟诵起这些关于西风的诗句，不觉一念到秋，怳然成悲。多少世事人情、繁华浮梦都在一缕西风中黯然摇落。

薛涛也感觉到了西风——凛冽的、无情的西风。一阵秋风一阵凉，大雁也结对成双飞往南方去了。薛涛看着雁群双双飞过，自己

却独身一人，寂寞无依，也无处可依。辛弃疾在《满江红》一词中写道："觉人间、万事到秋来，都摇落。"秋天就是这样一个让人神魂黯然的季节，所有的回忆和愁绪仿佛都在西风中降临，随着黄叶飘落四方。

宋玉在著名的《九辩》篇中写道："悲哉秋之为气也！萧瑟兮草木摇落而变衰。憭栗兮若在远行；登山临水兮送将归。"人间世态、心神形体两相疲倦，在秋日中渐行渐远。薛涛伫立深秋，举目四望，也不由得感叹岁月催人、万物休止。她自己也老了，尤其是在经历了与元稹的爱情之后，生命中最后的热烈也逐渐归于平淡，她已看惯了春花秋月，身心疲惫，现在只想找个地方好好歇一歇，把此生的妄念散播在江上风里。

"不为鱼肠有真诀，谁能夜夜立清江"，是啊，已经过了这样的时候了：为了等远方的一封书信，夜夜伫立在清江之畔。早就过了痴情的年纪和时光，现在只想趁着夜色弥漫前回到自己冷清的居所，看玉兔东升，闻风过竹林。薛涛在和元稹分别之初，定然是为了等他的书信而彻夜辗转难眠，然而真情总是相负，薛涛等来的只是一首敬而远之的《寄赠薛涛》。于是她明白：该放手了。一切转眼成空，襟袖泪痕自知。多少日的翘首企盼，多少夜的泪眼偷潸，现在终将随风而逝。

这样的场景不禁让我们想起清代诗人黄景仁那一首著名的《绮怀》诗：

几回花下坐吹箫，银汉红墙入望遥。

似此星辰非昨夜，为谁风露立中宵？

缠绵思尽抽残茧，宛转心伤剥后蕉。

三五年时三五月，可怜杯酒不曾消。

这样的诗句放在薛涛身上也是那么贴切：几次梦回，忆起曾经花下相坐吹箫，遥望那红墙，就仿佛银河一样遥远。然而今夜，注视着相同的星辰，却已经不是当年的情形，那我还在为谁等待到深夜呢？情思如同那层层抽尽的蚕茧，伤痛则仿佛那层层剥开后的芭蕉心叶。现今又逢上了这月圆之夜，我想起多年之前的场景，可我手中的这杯酒，如何能排解我现在心中无边的愁绪啊！

黄景仁的《绮怀》一共有十六首，在过去传颂一时。黄景仁年轻时曾和自己的表妹两情相悦，但他们的故事却仅仅只有一个温馨的开始便再无下文了，黄景仁每当想起自己和表妹无言的结局时，就不忍暗自垂泪。正因如此，《绮怀》诸篇中，也笼罩着陆游《钗头凤》中那种“山盟虽在，锦书难托”的感伤。

今夜早已非昨夜，黄景仁懂，薛涛也懂。昨夜的星辰，记录着两个人的浪漫故事；而今夜的星辰，却只陪伴着独坐的这个伤心之人。薛涛是清醒的，她知道往事无法重现，也不可追回，正是因为这种清醒，她才陷入了更深的悲痛。曾经所有夜晚伫立，现在全然没有了意义。当时的月光星辰，诉说着绵绵的情苦，仿佛在星月的尽头，会有传信的青鸟飞出，来到自己的身边殷勤探看。

薛涛自问，如若不是为了等待远方的来信，谁能够夜夜立在清江之畔啊？一问曾经的痴情：当时的自己深爱着元稹，为了他什么傻事都做得出来，却心甘情愿；二问如今的隐痛：俱往矣，所有的都该放下，但只要想起回忆中缠绵的花香，心中却依旧隐隐作痛；三问世间的情殇：天下终成眷属的有情人毕竟是少数，多少人空负旧约，多少人山水相阻，多少人回头相错，问君何识得，天涯伤心人？

王国维说："欲达解脱之域者，固不可不尝人世之忧患，然所贵乎忧患者，以其为解脱之手段，故非重忧患自身之价值也。今使人日日居忧患言忧患，而无希求解脱之勇气，则天国与地狱彼两失之，其所领之境界，除阴云蔽天沮洳弥望外，固无所获焉。"王国维所说的正是薛涛这种"一步一步，走进没有光的所在"的绝望心态。因为绝望，所以断弃一切念想；因为绝望，所以记得曾经爱过；因为绝望，所以方能归于恬淡。

而与《江边》相似的，还有一首苦思之作——《秋泉》：

冷色初澄一带烟，幽声遥泻十丝弦。

长来枕上牵情思，不使愁人半夜眠。

一场爱情就此收场，如同夜空中最美的烟火，不过一瞬绚烂，却足以叫人铭记。

现在的薛涛虽然知道她与元稹之间再无可能，但心里总是一时难以平复的。是啊，即便原先做了种种预想，觉得哪怕没有结果也

不要紧，但当现实的图卷无情地在面前展开时，一颗滚烫的心该要如何去承受！秋风凄凄，尽管凋落是无可逃避的命运，尽管只去争那春日的短暂欢愉，可一旦真的迎来凋落的时刻，恐怕任谁也不能立即接受这命运无情的裁决吧。

别后负尽当时月，忍教魂梦作相思。薛涛已经不去做那无谓的念想，但秋天来得如此迅疾，让她总在不经意间想起过往的一幕幕场景。她无力去争辩，也无心去争辩，只是静静地守候在浣花溪畔，让四时的流泉来荡涤她心中的烦忧和苦闷。

这首诗就是薛涛在饱受情苦之时所作。又是一年秋色，泉水澄澈而冷冽，从山巅而来，奔冲向这多愁的人间；泉水冲击山岩石壁，激起了一片朦胧的水雾，仿佛如烟的往事。泉声幽幽鸣响，从遥遥的远处流进愁人的心间，就好似呜咽婉转的琴音从十丝弦上缓缓淌出，直入人心。泉水不歇，泉声不止，这清幽的声响流淌在幽寂的山谷，也流淌在有心人的枕边耳畔。幽婉的声音不禁牵惹起心底的无限哀愁和心绪，这让本来就愁思满怀的人儿要如何成眠呵。

薛涛听着枕边的流泉声，仿佛旧时的琴音丝丝入耳。琴音，即是情之音也，声声幽婉凄切，牵起了多少前尘往事，只堪梦里，泪眼暗滴。这首诗写得哀婉凄楚、愁思真切，让泉水替人呜咽，在将秋泉写活的同时，也更加含蓄深刻地表现出人物内心的愁绪和情思。诗人听着这不止歇的泉声，说是这泉声扰得我无法入睡，但其实这泉声就是诗人心中愁思的外化表现，真正让诗人不得眠的，是诗人自己内心的无边心事啊！

在古典诗词中，以水喻愁是一种十分常见的手段，其巧思佳构令人叹服。而且以水喻愁还有不同的类型和侧重，值得我们细细品悟。

有以水喻愁者，取水滚滚而下、一去不返之态，从而惆怅岁月无情，人生短促。譬如李白《将进酒》中："黄河之水天上来，奔流到海不复回！"张若虚《春江花月夜》中："不知江月待何人，但见长江送流水。"晏殊《渔家傲》中："绿水悠悠天杳杳，浮生岂得长年少。"李煜《浪淘沙》中："流水落花春去也，天上人间。"杜甫《登高》中："无边落木萧萧下，不尽长江滚滚来。"这些诗句都以流水滚滚不尽之意设喻，引发读者对于青春岁月一去不返、良辰美景稍纵即逝的感叹。

有以水喻愁者，取水滔滔不绝、汹涌澎湃之态，从而极言愁绪之多，恨愁之难解难消。譬如南朝乐府民歌《西州曲》中："海水梦悠悠，君愁我亦愁。"李白《宣州谢朓楼饯别校书叔云》中："抽刀断水水更流，举杯浇愁愁更愁。"李煜《虞美人》中："问君能有几多愁？恰似一江春水向东流。"章丽贞《长相思》中："吴山秋，越山秋，吴越西山相对愁，长江不尽流。"秦观《江城子》中："便做春江都是泪，流不尽、许多愁。"这些诗句都以水流之不尽态设喻，让人直觉水流无尽即是愁思无尽，水流难断而愁思亦难断。

有以水喻愁者，取水不见源头、无有尽头之态，从而表明愁思无端，愁绪纷长。譬如李白《横江词》中："横江欲渡风波恶，一水牵愁万里长。"李煜《相见欢》中："自是人生长恨水长东。"欧阳修《踏莎行》中："离愁渐远渐无穷，迢迢不断如春水。"范成

大《南柯子》中："欲凭江水寄离愁，江水已东流，那肯更西流？"贺铸《木兰花》中："漫将江水比闲愁，水尽江头愁不尽。"夏完淳《采桑子》中："万里长江一带愁。"这些诗句都以水流望不见源头尽处之意设喻，让人感觉愁绪流淌不尽，宽广深长，不知何解，愁思浩荡，无凭亦无尽。

有以水喻愁者，取水潺潺流淌、奔涌不歇之声，从而描摹愁绪之难以平静、无止无休。譬如李频《眉州别李使君》中："离人自呜咽，流水莫潺湲。"李涉《再宿武关》中："关门不锁寒溪水，一夜潺湲送客愁。"杜牧《入商山》中："流水旧声人旧耳，此回呜咽不堪闻。"罗邺《汴河》中："至今呜咽东流水，似向清平怨昔时。"朱熹《忆秦娥》中："野桥流水声呜咽。行人立马空愁绝。"王士禛《浣溪纱》中："断鸿无数水迢迢，新愁分付广陵潮。"贺铸《临江仙》中："闲愁朝复暮，相应两潮生。"这些诗句都从流水潺潺幽婉的声音着笔，借喻人声呜咽或愁思起伏，水声、人声、心声合为一体，巧妙非常。

而薛涛这首诗无疑是借水声来喻愁，写得幽婉动人。这种风格的诗在薛涛的集子中并不多见，细腻忧郁，同时又深沉内敛。她此刻的转转难眠，她此刻的苦楚凄惶，都随着这泉水声流进了我们的心里。她心头的那些爱欲缠绵，那些纷扰恩怨，那些明媚忧惋，都一一浮现了出来。

秋泉呜咽，是薛涛难言的心曲。

第四节

《寄旧诗与元微之》——欲寄彩笺兼尺素

诗篇调态人皆有，细腻风光我独知。
月下咏花怜暗澹，雨朝题柳为欹垂。
长教碧玉藏深处，总向红笺写自随。
老大不能收拾得，与君开似教男儿。

“别后两处相思，春来空画娥眉。”薛涛与元稹交好不过短短一年便作分别，这对当时的两人来说都是痛苦的，当然，于薛涛尤甚。然而随着岁月流逝，元稹的心意也渐渐变化了。一开始，两人之间或许还有书信和唱和往来，但元稹面对的世界何其广阔，薛涛却只一心系在元稹身上，唯有浣花溪水相伴。薛涛在日日的等待中相思断肠，而元稹在新的生活中却逐渐淡忘了这一段情愫，终于有一日，他提笔写下了一首《寄赠薛涛》，送给了还抱着一丝侥幸的薛涛。

锦江滑腻蛾眉秀，幻出文君与薛涛。
言语巧偷鹦鹉舌，文章分得凤皇毛。
纷纷辞客多停笔，个个公卿欲梦刀。
别后相思隔烟水，菖蒲花发五云高。

唐代范摅所著的笔记小说集《云溪友议》中有载：安人元相国，应制科之选，历天禄畿尉，则闻西蜀乐籍有薛涛者，能篇咏，饶词辩，常悄悒于怀抱也。及为监察，求使剑门，以御史推鞫，难得见焉。及就除拾遗，府公严司空绶，知微之之欲，每遣薛氏往焉。临途诀别，不敢挈行。洎登翰林，以诗寄曰："锦江滑腻蛾眉秀……。"可见元稹在登上翰林之位后，就将此诗寄给了薛涛，不由令人猜想：这是要与薛涛撇清关系了吗？

这首诗乍一看是写给薛涛的情诗：首句即写四川锦江钟灵毓秀，涌现出许多惊容绝艳的女子，紧接着就把卓文君和薛涛并列举出，突出薛涛的美貌与才情，一个"幻"字飘逸出尘，令人浮想联翩。颔联设喻，赞美薛涛文辞之新巧和骨气之高奇，其中"鹦鹉"暗扣薛涛曾经写过的《十离诗》中"鹦鹉离笼"一首，足见其巧思。颈联转从侧面描写，用众多辞客和公卿的羞愧和仰慕之情来烘托薛涛才情之高、令名之盛。最后结语点出相思，含蓄自然，"菖蒲花发五云高"形容薛涛居所的菖蒲花盛开时极盛，似有五云之高，同时巧妙地引用了"五云"之典：盛唐时韦陟工于书法，自谓所书之"陟"字如五朵云，诗人皆慕之风采，称其字为郇公五云

体，后来人们遂以“五云”赞薛涛之字。如明代祝枝山之《题画》：

晃玉摇银小扇图，五云楼阁女仙居。
行间著个秋香字，知是成都薛校书。

通观全诗，其中多是对薛涛的溢美之词，最后一联更是表达了自己对薛涛的相思之情，但只要细细品味一下诗题——寄赠薛涛，我们就不难看出，元稹已经不再承认这段恋情了。古人为了表示尊敬或者亲密，称对方一般是用字的，而以元稹和薛涛的关系，即便没有特别的情愫，也不算是泛泛之交了。但这首寄给薛涛的诗中，元稹直言是“寄赠薛涛”，直呼薛涛之名，是一种熟人之间的称法，却少了更进一步的亲密感。薛涛自然是有字的，元稹在成都时称薛涛必定不会如此直接，最不济也该是“洪度”（薛涛的字），甚至一些只有他们两个人知道的秘密的名字。如鲁迅在与许广平热恋通信时互称对方“小刺猬”、“小白象”等等，俏皮肉麻，真是热恋中的人才会作出的事情。而且这首诗中规中矩，全然不见情人之间的话语和情愫，仿佛隔着远远的距离，发出一声朋友的赞叹。

聪慧如薛涛者，看到这首诗的题目时，心里岂能不明白元稹的意思：这是在告诉她，两人已经恢复到当初未见面时唱和吟诗的诗友关系，熟悉而又陌生。薛涛知道自己再也没有机会和元稹在一起了，哪怕是朋友之间的散步、交游，心底最后的一丝侥幸也荡然无存。分离后所有的日子都成了空等，日夜相思的煎熬换来的只是一声相负，薛

涛忽然发现，所有心甘情愿的守候只是为了给自己一个交代。此时薛涛的心已经生不出悲哀或者愤怒，就仿佛繁夏枝头的绿叶在一瞬间就飘落殆尽，寂静无息。“既然从此你以诗友之名相交，那我也不再多作纠缠，懒得多言，就寄一首旧诗聊作酬唱吧。”薛涛这样想到。

世间文人墨客多能为诗，风调情态尽皆不同，各有殊胜；你诗篇中的细腻风光只有我能够欣赏，而现在我心中所有微茫的心事你都无法也不必去了解了。

过去的我们是那样的情投意合：也曾在月下漫步，吟咏娇弱的花朵，怜惜它们夜间黯淡的神色；也曾在雨天乘兴出游，效法古人于柳叶上题诗，斜斜垂下的柳枝在风中相依。

美人如同碧玉，总是藏于深处，女子纵有旷世之才，却也要被世人埋没，不得见于天日；故此我也无处依靠，只能闲时提笔，在红笺纸上写下幽幽心事，此情谁知？

岁月无情催人老，我也已经过了青春焕发的好时光，现在也是徒增伤悲的老大之龄，很多心绪都茫茫无边，难以收拾了，就如同和你共赴的岁月，也早已湮没在滚滚红尘之中了。

我们难以揣测薛涛写下这首诗时的心情，是早已明白的觉悟，还是难以割舍的情愫，抑或是欲说还休的怅然？一个女子看穿了一个男子的薄情与软弱，却说不出话来，只能任泪水湿了红妆。

《名媛诗归》评价此诗“通诗笔老，而气骨遒紧，虽用婉媚处，皆以朴静里之，挺然声调间”。可见薛涛虽然失恋，却也足见刚强，薛涛不是那种弱不禁风的女子，在骨子里，她有一种如同修竹般坚

韧的品质。

心爱的人儿已经远去，只剩曾经的深红小笺还记录着当时的点点滴滴，在记忆中永不褪色。薛涛以诗名世，而另一个为人所称道的便是“薛涛笺”的创制，她这首诗中就有“总向红笺写自随”一句，其中的“红笺”所指的多半就是“薛涛笺”了。而且有人说这传奇的“薛涛笺”与元稹的关系也十分密切，可以说，没有元稹，可能也就没有了“薛涛笺”。这其中的故事，还需要慢慢道来。

薛涛自边塞回来后，就在成都浣花溪畔隐居，浣花之民多以造纸为业，薛涛日日赋诗，却深感纸张过大，不便题小诗于上，遂命工匠裁剪为小笺。不久，薛涛突发奇想，因素喜朱红之色，乃创造深红小笺，命工匠按自己的意图造纸，题诗于笺上，献于当时的才子豪杰。时人为她的创意所折服，称之为“薛涛笺”。不过也有别的说法，称“薛涛笺”是薛涛在认识元稹之后为寄托自己的思念所制，亦可备一说。

当薛涛的深红小笺甫一制成，她就寄予元稹百余幅，元稹见之，啧啧称奇，正如韦庄之赞——“留得溪头瑟瑟波，泼成纸上猩猩色”，深红漫漫，远非一般白纸所能比，典丽新雅，在纸张本就珍贵的年代更显难得。

笺纸染色，源于晋代，红笺则出自南朝梁简文帝之时，到了中唐还有人使用。而薛涛自创的深红小笺一经问世，便风靡一时，更因此纸张染色之技术益精，各色笺纸乃至金纸、银纸、彩绘，层出不穷，连十色笺都在此后盛行，足见薛涛一举泽及后世，于复兴染色之功不可忽略。

据后世笔记所载：薛涛用毛笔或毛刷把小纸涂上红色的鸡冠花、荷花及不知名的红花，将花瓣捣成泥再加清水，经反复实验，从红花中得到染料，并加进一些胶质调匀，涂在纸上，一遍一遍地使颜色均匀涂抹。再以书夹湿纸，用吸水麻纸附贴色纸，再一张张叠压成摞，压平阴干。由此解决了外观不匀和一次制作多张色纸的问题。薛涛用自己设计的涂刷法，做出了小彩笺。她还将小花瓣洒在小笺上，制成红色的彩笺。薛涛使用的涂刷加工制作色纸的方法，与传统的浸渍方法相比，有省料、加工方便、生产成本低之特点，类似现代的涂布加工工艺。

晚唐诗人韦庄对这种充满才情的小笺颇为着迷，曾为之赋《乞彩笺歌》诗：

浣花溪上如花客，绿闇红藏人不识。
留得溪头瑟瑟波，泼成纸上猩猩色。
手把金刀擘彩云，有时剪破秋天碧。
不使红霓段段飞，一时驱上丹霞壁。
蜀客才多染不供，卓文醉后开无力。
孔雀衔来向日飞，翩翩压折黄金翼。
我有歌诗一千首，磨砻山岳罗星斗。
开卷长疑雷电惊，挥毫只怕龙蛇走。
班班布在时人口，满袖松花都未有。
人间无处买烟霞，须知得自神仙手。

也知价重连城壁，一纸万金犹不惜。

薛涛昨夜梦中来，殷勤劝向君边觅。

古代笺纸多用于长篇书札，行草多见于此，更因“批反”的习惯，纸张多留空白处，因此笺纸甚大，薛涛制笺，短而狭，只用作写律诗或绝句，少则二十字，多则五十六字，十分妥帖。时人以其方便，常效仿此举。小笺的出现，不仅节省了物力，携带也甚是方便，后世流行的红色小八行纸，也被直接称作“薛涛笺”。

如今尚有薛涛笺的仿制品留存于世，如乾隆时所制的“薛涛笺”，为郑振铎的《笺举》所录，清末成都流行的“薛涛笺”，也是红色小八行纸。

“薛涛笺”因种种特性赢得了文人骚客的一致推崇，经久不衰，故后世吟咏“薛涛笺”的诗句亦是甚多，如：

其一

蜀王宫树雪初消，银管填青点点描。

可是春山留不住，子规声断促归朝。

其二

十样蛮笺起薛涛，黄筌禽鸟赵昌桃。

浣花旧事何人记？万劫春风燐火高。

——《薛涛笺二首》（元·袁桷）

薛涛诗思饶春色，十样鸾笺五采夸。
香染桃英清入观，影翻藤角眩生花。
涓涓锦水涵秋叶，苒苒剡波漾晚霞。
却笑回文苏氏子，工夫空自废韶华。

——《咏案头四俊锦花笺》（元·张玉娘）

粉白朱红点点描，蛮笺认得女娼妖。
巴山蜀水花如海，杜宇春风恨未消。

——《咏薛涛笺》（明·郑真）

断肠阔狭乱堆床，细染轻搥玉色光。
岂是无心恋针线，要将姓字托文房。

——《薛涛》（明·文征明）

从这些诗篇中，我们可以直观地感受到“薛涛笺”受追捧的程度，可谓是一笺难求。而在当初，薛涛制作“薛涛笺”成功之后，第一时间就给元稹寄去了百余幅，足见薛涛之心意。“薛涛笺”色深红，正是薛涛最爱的颜色，就像她轰轰烈烈的爱情，在生命中绽放出最绚烂的颜色，令当事人心愧，令后来人倾慕。而当时，心如死灰的薛涛看着自己身边随意携带的深红小笺，往日旧事宛然在目，深深的红色是刺入骨髓的痛和寂寞。

昔时烟雨地，梨花深闭门。细看小笺处，犹是旧啼痕。

第五节

《寄张元夫》——烟涛微茫信难求

前溪独立后溪行，鹭识朱衣自不惊。

借问人间愁寂意，伯牙弦绝已无声。

时光终于将一切都冲淡了，只剩下一些淡漠的微茫闪烁着昨日的光彩。一场轰轰烈烈的爱情就此陷入虚妄，薛涛也最终看清了，放下了，哪怕争取过，哪怕坚守过。一个女子的话语在那个时代是那么的弱小，一声撕心裂肺的呼喊淹没在文人墨客觥筹交错间的唱和之中，像一滴泪落进了湖泊，它独特的咸味消逝在平平淡淡的湖水之中。没有人觉察到，曾经有人投身过这样一次疯狂而决绝的爱情，义无反顾的决心到头来只是镜花水月一场。

所以，薛涛在看过爱情的绚烂和华丽之后，只能无奈地苍凉转身。一切都是逢场作戏，即便这戏里饱含了真感情，但曲终落幕，散了场却依旧是走向陌路。薛涛收起了所有的挣扎、呐喊和寻觅，

以一种重回孤独的姿态去守望静静的时光。

这首寄给张元夫的诗就是在描述这样一种落寞的情态。所谓的“前溪”、“后溪”应当就是指薛涛所在的浣花溪。一前一后，我们可以想见薛涛独自一人在溪畔来回走动，有时静静伫立，有时踽踽独行。首句只七个字，就生动传神地刻画出薛涛孤苦无依的情状和寂寥凄恻的心绪。试想，到底是什么能让一个人在溪畔长久地独自徘徊？到底是什么能让一个人凄清孤苦到这个地步？薛涛没有回答，陪伴她的只有溪畔的鸥鹭。薛涛重新回到了归隐的状态，然而这不同于她二十岁时的隐居，虽然那个时候的她就已经经历了很多，看透了许多，但这一次，她是结结实实地挨了一身的伤回来啊！她身上仍旧是最喜爱的朱衣，但这朱衣早已不是当年的期待，而是透透彻彻浸了一心的血泪。现在薛涛重新回到了浣花溪，回到了往日隐居的时光。“自不惊”三字绝妙，既照应“鹭识”二字，又写出诗人在溪畔徘徊之久：连怕人的鸥鹭都已经认识了薛涛，甚至不觉得惊讶，可见诗人在溪边徘徊伫立了多少时光。这无边的寂寞，到头来只有鸥鹭相陪，让人不由想起杜甫的感叹，“飘飘何所似？天地一沙鸥”。

“借问”句是薛涛自语自问，也道出了千古文人共同的愁情：这天地之间，愁苦寂寥之意从何而来？又为何斩不绝、销不尽？此句将前两句的场景凝炼概括为“愁寂意”，人间几度闻哀弦，但为君故久沉吟。而现在弦断音消，知音难觅，谁能解我心中哀愁？最后一句，薛涛感叹这世间知音难遇，琴声总是留给听得懂的人来欣赏，而如今伯牙弦已绝，纵然琴音再度响起，也没有了丝毫意义。

正因如此，薛涛才会徘徊溪畔，与鹭为友，终日愁苦。

这一首诗的表面意思并没有难以理解的地方，但细细想来却又令人费解：从诗题《寄张元夫》来看，这应该是一首与友人间的酬唱之作，但整首诗似乎并未涉及友人什么事情，只是在说自己踽踽溪畔，孤苦寂寞，整日只有鸥鹭相伴，而后更是说自己独行隐居是由于世间知音难觅，惆怅而神伤，故有此举。这似乎与一般寄赠友人的诗歌不大一样，没有相惜之意，反有诉苦之嫌。显然，这诗题中的张元夫便成了最关键的线索。

张元夫是某任西川节度使的幕府校书，而薛涛素有令名，与张元夫有过交情也属正常。有人据此诗推测他们的关系非同一般，因兴趣相投而暗生情愫，但也止于神交。因为他们相识时，张元夫肯定早有家室，此时的薛涛三十多岁，张元夫应该在长安朝廷中任职，而薛涛也已退隐浣花溪畔。所以薛涛怀着深沉的哀愁与寂寥写下此诗，向张元夫倾吐自己孤独寂寞的心绪。

这种推测其实是毫无道理的。一来，薛涛与张元夫之间不可能有这么深的交情，他们见面的机会屈指可数，仅凭书信往来是不会到这种地步的；二来，这首诗的最后一句“伯牙弦绝已无声”分明是薛涛的绝望之语，如此决绝的心态反倒会让我们想起一个人，一个负心之人——元稹。

无巧不成书，元稹有一组诗名为《贻蜀五首》，是酬赠在蜀地的五位友人，其中便有一首《张校书元夫》，诗云：

未面西川张校书，书来稠叠颇相于。
我闻声价金应敌，众道风姿玉不如。
远处从人须谨慎，少年为事要舒徐。
劝君便是酬君爱，莫比寻常赠鲤鱼。

首联写两人虽未曾谋面，但书信往来频繁，彼此意趣相投；颔联极言张元夫声望、才情之盛，风姿如玉，令人仰慕；颈联则是作勉励劝诫，一副谆谆教导的姿态；尾联更是直言自己出言劝诫是对张元夫的拳拳之意，并非寻常之物可比拟的。整首诗看起来仿佛就是知己之间的挚意问候，但元稹在首句就明明白白地写着“未面西川张校书”，他们连一面之缘都算不上，真正的情谊又能有多少？再来看元稹的《贻蜀五首》，没有一首是写给薛涛的，难道凭借他和薛涛的情谊，他还不肯为薛涛写一首诗吗？

元稹岂能不为薛涛写诗，但自己抛弃薛涛，无颜面将自己写给她的诗再拿出来，而删诗之举，元稹已然做过。《元氏长庆集·使东川》元稹自序中说：“元和四年三月七日，予以监察御史使东川。往来鞍马间，赋诗凡三十二章。秘书省校书郎白行简为予手写为东川卷。今所录者，但七言绝句、长句耳。起《骆口驿》，尽《望驿台》，二十二首云。”可见当时元稹出使东川之时，曾与薛涛相晤，互有唱和，然元稹将这一期间的诗删去十首，余下的二十二首似无一首与薛涛相关。当时元稹的原配韦丛尚在世间，元稹此举，或是为了杜绝话柄。

由此再联系薛涛的《寄张元夫》一诗，似乎一切都说得通了：元稹与薛涛相爱一场后决然离去，徒留薛涛在浣花溪旁苦苦守候，从此两人音尘断绝，薛涛也认清了这一事实，终日徘徊。元稹后来作这《贻蜀五首》，薛涛自然也是读到了，也明白了为何没有自己的一席之地，元稹狠心地划清了跟自己的界限。如今光阴荏苒，薛涛已经能够坦然地去面对曾经的一切，但却依旧无法释然啊，毕竟是全心全意的付出，虽不求回报，可遭无情见弃，这是任哪一个女子也不能释怀的吧。因而当她读到《贻蜀五首》的时候，看到元稹竟然和一个素未谋面的人引为至交，薛涛也是哭笑不得的。她不由得想起曾经和元稹交游的时光，想起现在一个人孤独的生活，一时百感交集。她如何不明白元稹的意思，心中也是有些愤然，便写了这样一首《寄张元夫》，讥讽元稹的虚伪与软弱。

终究，一切都结束了，所有的爱欲、热烈、缠绵、温情、决绝、后悔、伤痛、苦楚、守候，都已经随风而逝，尘封在记忆的深渊里了。薛涛自此脱下了喜爱的红衣，一心归隐，仿佛旧日只是短梦一场，浣花溪将流尽所有的悲伤。

多情公子无情弃，从来造化堪弄人。从此白云与鸥鹭，不向清江堕泪痕。

薛涛还有一首咏物小诗《柳絮》，也是对此来表明心迹：

二月杨花轻复微，春风摇荡惹人衣。

他家本是无情物，一向南飞又北飞。

二月初春，历经了寂寂长冬、漫漫朔雪的大地，开始悄悄地滋生出一种轻巧而欢快的气息。花和树，雨和风，嫩草破土，枝头含苞，密谋絮语，好不热闹。苏轼在《和孔密州东栏梨花》里写道："梨花淡白柳深青，柳絮飞时花满城。"说的正是这个时节。

薛涛独自游走在初春的街头，满城杨柳在连天春雨的滋润下越发明翠，漫天飞舞的皆是轻柔的柳絮。她抬起头来，见春风轻轻地吹起，那柳絮像棉花，像细盐，像冬雪，像微云，像她团团牵扯、无法理清的心情。

那些曾经欢愉的记忆被强行埋葬在一个又一个寒冬的霜雪之下，经过了冷酷而焦灼的等待，经过了重重的失望，经过了那些辛苦传来的讯息里藏不住的讽刺与背叛，现在回想起来竟有些遥远。

杨花，因其轻柔多情，成了古往今来无数迁客骚人和异乡游子们寄托感情和哀思的意象。早在北魏时，就有传为胡太后（宣武帝皇后）所作的《杨花词》，词曰：

阳春二三月，杨柳齐作花，春风一夜入闺闼，杨花飘荡落南家。含情出户脚无力，拾得杨花泪沾臆，秋去春还双燕子，愿衔杨花入窠里。

词人们把自己的抑郁不得志、与红粉佳人的缠绵哀思和与亲朋好友的离愁别绪都寄予在温柔多情的杨花身上，希冀从中寻求到一

丝慰藉。吟咏杨花的诗篇，最著名的莫过于苏东坡的那首《水龙吟·次韵章质夫杨花词》了：

似花还似非花，也无人惜从教坠。抛家傍路，思量却是，无情有思。萦损柔肠，困酣娇眼，欲开还闭。梦随风万里，寻郎去处，又还被、莺呼起。

不恨此花飞尽，恨西园、落红难缀。晓来雨过，遗踪何在，一池萍碎。春色三分，二分尘土，一分流水。细看来，不是杨花。点点是、离人泪。

看着那四处飘飞的柳絮，恰似点点离人的眼泪，这个比喻无比绝妙，又无比哀婉。杨花四散飘飞，情人别离在即，触景生情，不觉泪下。而此时的薛涛已经和元稹分别多时，且知道没有相见的可能了，只剩下她看着这些漫无目的的飞花，连怅惘之情也无处寄托。二月的杨花轻盈细微，在摇荡的春风中沾惹行人的衣裳。这多么像诗人的自嘲：自己是那么卑微和渺小，在这场爱情中没有说话的分量，现在孤身一人，却四处飘荡想暂时寻个依靠。一个“惹”字情绪微妙。后两句写柳絮无情，倒更像是一句指责或讥讽。柳絮纷飞，多情却也无情，它去沾惹每一片衣襟，却不做永久的停留。这不禁让我们想起元稹的负心，薛涛大概也是此意吧，她做不到完全放下，也许爱消了、恨淡了，但仍旧有一缕百结的愁肠萦绕在心头，这是她爱过痛过的证明。

元稹就仿佛那多情的柳絮，到处沾惹行人的衣裳，这种不负责任的多情，恰恰是最伤害人的无情。元稹写过一个著名的唐传奇——《莺莺传》，亦称《会真记》，后世流传极广的《西厢记》便脱胎于此。故事讲述了一个名为张生的书生在蒲州普救寺发生兵乱时，出力救护了同寓寺中的远房姨母郑氏一家。在郑氏的答谢宴上，张生对表妹莺莺一见倾心，婢女红娘传书。几经反复，两人终成月下之好。后来张生赴京应试未中，滞留京师，其间与莺莺书信往来，互赠信物以表深情。但最终张生变心，两人各自婚配。有一次张生路过莺莺的家门，要求以“外兄”相见，遭莺莺拒绝。在《莺莺传》中，元稹为张生的始乱终弃这样写道：

“大凡天之所命尤物也，不妖其身，必妖于人。使崔氏子遇合富贵，乘宠娇，不为云，不为雨，为蛟为螭，吾不知其所变化矣。昔殷之辛，周之幽，据百万之国，其势甚厚。然而一女子败之，溃其众，屠其身，至今为天下僇笑。予之德不足以胜妖孽，是用忍情。”

甚至当时人们还称赞张生“始乱终弃”的行为是“善于补过”，元稹显然是站在张生的立场说出这一番话的，是在美化张生，亦是在为他自己的薄幸进行辩护。宋代王铚在《〈传奇〉辩证》中考证张生其实就是元稹本人，而鲁迅先生在《中国小说史略》中也说：“《莺莺传》者，……元稹以张生自寓，述其亲历之境。”而莺莺的原型则是元稹姨母郑氏与永年县尉崔鹏之女崔氏，即元稹的表妹。

元稹虽负盛名，其品性却一直遭后来者质疑。陈寅恪先生就对元稹十分不客气，称他“所以弃双文（即崔莺莺）而娶成之（韦丛），及乐天（白居易）、公垂（李绅）诸人之所以不以其事为非，正当时社会舆论道德之所容许”，而“综其一生形迹，巧宦故不待言，而巧婚尤为可恶也。岂多情哉？实多诈而已矣”。

而事实也确实如此。元和六年（公元 811 年），元稹在江陵纳了安仙嫔为妾，其后又娶了裴淑为妻，似又与名妓刘采青私交甚笃。总之，围绕着元稹的花边新闻从来就少。然而就是这样一个人让薛涛动心了，她自已也明白元稹是个薄情寡义的人，但这又如何，只要能轰轰烈烈爱上一场就值了。

后来，白居易有一首赠给薛涛的诗——《语薛涛》：

峨眉山势接云霓，欲逐刘郎此路迷。

若似剡中容易到，春风犹隔武陵溪。

这首诗用了“误入天台”的典故，东汉人刘晨、阮肇因天下大乱，不愿入宫为官，便入山采药，却误入桃源仙境，遇见仙女，最终结为夫妇。刘、阮皆剡县人，天台在浙东，而元稹其时正在浙东担任观察使。从蜀西到浙东，中间隔着湖南（即武陵溪），桃花源已经是一个追寻不到的地方，更何况是天台仙境呢？“欲逐刘郎”分明是说薛涛属意元稹，求而不得；“春风犹隔”的语气仿佛在劝慰薛涛，你们相隔遥远，不要在元稹身上浪费时间了；又仿佛在

说，薛涛啊，你还是放弃吧，元稹和你是不可能在一起的。

是啊，现实与社会就是如此残酷，文人风流一场，怎么会在一个女子身上倾注太多的流连？文人都是自恃清高的，任你声名再高，也不过是一介女流，也摆脱不了风尘的印迹。薛涛只能独行独立，留一世清影。薛涛似乎也明白，她与元稹终是有缘无分，但有一首《牡丹》却道薛涛曾与爱人重逢，似乎给了这个爱情故事一个新的转机：

去年零落暮春时，泪湿红笺怨别离。
常恐便同巫峡散，因何重有武陵期。
传情每向馨香得，不语还应彼此知。
只欲栏边安枕席，夜深闲共说相思。

薛涛此诗，用“情重更斟情”的手法，在人花之间的感情中反复掂掇，情意绵绵的意境层层熏染。

方才暮春，许多花儿便已凋零，牡丹易败落，自是待不到更久，去岁此时，元稹已然决绝而去，薛涛心中十分惦记，只盼能够重逢。对眼前盛开的牡丹花，薛涛所思所想，竟全然是从前种种。

薛涛细腻又传神地化牡丹为情人，在经年的别离后，复用宋玉《高唐赋》中楚襄王和巫山神女梦中幽会的故事，表达了担心离别会像巫山云雨那样一散而不复聚的心情，即望眼欲穿而感到失望，这也给思念蒙上了一层迷幻的色彩。

在极度失望之中，突然相遇接踵而至，正因这毫无预料的不期

而遇，薛涛兴奋至极，更感难得。这种兴奋不亚于武陵渔人发现了桃源仙境，阮肇误入天台巧遇仙女时的惊讶。但寻仙访士皆不得，一切音讯皆杳然，似乎正是为这段情感下的一个谶语，直引得后世空叹息。

薛涛以“馨香”、“不语”形容牡丹花，却在“传情”、“彼此知”中露了马脚，她分明是与德馨的佳人相会，如此写尽心中千千结，显而不露。

她奔放地抒发自己的闺情，直欲“安枕席”于栏边，抵足而卧，情同山海。深夜说相思，解其相思之渴，相慕之深。

但是好景仍不长，她只能沉默地看着随风散落的花瓣，任凭微风摆布，凄清惆怅之感顿时袭来，元稹终究不属于自己，他有自己的一方天地。

心中一堵，泪水夺眶而出，滴落在铺在书桌上的红笺上，没有不散的筵席，繁华过后一场空，相聚相守的日子那么短暂，正如牡丹花的花期究竟敌不过暮春的到来。

只一个“怨”字，把离情说得剜人心肝。别离之后，本就该对相聚不存在任何幻想，虽然望眼欲穿，却从不敢奢望。因为不惑之年的薛涛心知，一切的相会都会像巫山云雨一样容易飘散而难再现，只是徒增郁闷罢了。对她而言，一切欢聚都是短暂的，她看惯了身边频繁的悲欢离合，看惯了生死无常。

唯有牡丹是知己，花开之时，虽从不言语，却以其特有的馨香传达着自己的情愫，含情脉脉。只要静静地凝视，便已知足了。或

许真的是“身无彩凤双飞翼，心有灵犀一点通”，一切尽在不言中，只要能够相望相依就足够了。

薛涛只是想在栏边安枕席，倚着枕头，沐着清幽的月光，叙相思之苦，过着相聚后恬淡、怡然的生活，如果真能实现，哪怕来日方长，再苦的别离也已熬到头了，以后的日子就是长相厮守，无限惬意。

这首诗与其说描写了相聚后的快活难得，倒不如说表达了她其实从来都很寂寞的意态，这不过是一解愁闷罢了，她如“枝迎南北鸟，叶送往来风”的生活看似热闹快活，实则冷清至极，没有人能够真正地留在她身边，陪她说着体己的话儿。而只有牡丹，没有与她立下海誓山盟，终究不期而遇，这种心中的抑郁总算疏解了不少。可惜如此丰富的情思，唯有与牡丹一叙，余者谁能知。

对这首诗的作者，历来亦争论不休，有人说着是薛能的作品，也有人说这是薛涛少年时为情人所作，然究竟如何，已无人知晓。但我们今日可以清楚地知道，元稹再也没有回到薛涛身边。

就中国文学史而言，元薛因缘是一段千古流传的佳话；但就薛涛个人的角度来说，却只一幕遥远凄清的回忆。由此，人们不禁想到一千年后一位同样终身未嫁的艺坛天后梅艳芳，林夕为她填词的经典歌曲《似是故人来》唱出了千年痴情薄命女子的哀愁，甚至与《江边》有着异曲同工之妙：

同是过路，同做过梦，本应是一对

人在少年，梦中不觉，醒后要归去

三餐一宿，也共一双，到底会是谁

但凡未得到，但凡是过去，总是最登对

台下你望，台上我做，你想做的戏

前世故人，忘忧的你，可曾记得起

欢喜伤悲，老病生死，说不上传奇

恨台上卿卿，或台下我我，不是我跟你

俗尘渺渺，天意茫茫，将你共我分开

断肠字点点，风雨声连连，似是故人来

何日再在，何地再聚，说今夜真暖

无份有缘，回忆不断，生命却苦短

一种相思，两段苦恋，半生说没完

在年月深渊，望明月远远，想像你忧怨

俗尘渺渺，天意茫茫，将你共我分开

断肠字点点，风雨声连连，似是故人来

留下你，或留下我，在世间上终老

离别以前，未知相对，当日那么好

执子之手，却又分手，爱得有还无

十年后双双，万年后对对，只恨看不到

第七章

故人寄远——人间总是别离处

生离死别，是人世间最令人悲痛的事情，韦皋之逝，元稹之别，给薛涛带来了永远不能抚平的悲伤。不惑之年的薛涛在人生的中点，已与无数诗人唱和往来，她的朋友远比她自由，薛涛送走了一个又一个挚友，却将孤独留在了自己身边。

马车在友人明朗的笑声中远去了，马蹄嗒嗒，将她的祝福和牵挂带向未知的远方。直到马车与笑声完全消失在她的视野与耳朵里，直到清凉的月色再一次覆盖了车辙压过的痕迹，她仍在原地目送，未曾离去。

人间满是离情别意，薛涛的惆怅与黯然，通过一张张深红的笺纸与淡淡的墨香，传递给远方同样寂寞的人们。

第一节

《送郑资州》——古来征战几人回

雨暗眉山江水流，离人掩袂立高楼。

双旌千骑骈东陌，独有罗敷望上头。

贞元十七年（公元 801 年）吐蕃攻陷麟州，京师震动，德宗遣使至成都，令韦皋出兵藩界，引蕃兵南下，以解京师之危，资州刺史郑刚率兵北上。郑资州为国之栋梁、韦皋之心腹，与薛涛交好，此番前去，生死未卜，早已见过沙场血腥的薛涛得韦皋之命，前来为郑刚与将士们送行，鼓舞士气。

眉山秀色，在斜风细雨中更显青翠，让人眷恋不已，可蜀中大好男儿，今日竟不得不为国征战，离开生养自己的故乡，也离开家中老母与堂里妻儿。一场秋雨潇潇而至，洗刷了苍远的眉山，却因层云而使得天地更加黯淡。或许只是薛涛的心情抑郁吧，如此的美景竟无心赏玩。

雨，常常下在离别时分，淅淅沥沥，就像刻意要增添愁绪。郑刚得令率兵北上，未留下归期。“古来征战几人回”，可怜的是留下的，怀着思念盼望着的人。眉山在深沉的云雨中，少了那几分壮丽，看起来略有些压抑。江水翻腾着，涛声嘶嚎，张口欲吞船，如天地发怒。一切都含着肃杀之气。郑刚陈兵千骑，于东陌校场点兵，准备随即启程。身着战甲的他，身姿挺拔，威严镇静，有将帅之气，伫立于众将士中，耀眼如明星。薛涛曾戏言，最爱看他着战甲模样，而此时真当他披盔戴甲时，她心里却是不愿的。

征战并非儿戏，一朝可毙命。号角响彻云天，郑刚从楼下抬头，深深地望了她一眼，便上马翻身离开。金戈铁马，热血男儿，在这样一个落雨的清晨，气势汹汹地北上御敌。

雨水落入悲号的岷江与青衣江，一如离人脸颊上的泪水不停地流淌，薛涛却不得不提起衣袖，遮掩脸上的愁云，还有那离别时的哀伤与战争的担忧，独自在高楼上故作坚强：“今日薛涛为大家独奏一曲，为将士们送别，祝大家凯旋，与家人团聚。”

薛涛即兴弹奏，今人已不知她会用怎样的曲调来一抒当日之离愁，却不得不想到汉代蔡文姬的《胡笳十八拍》：

我生之初尚无为，我生之后汉祚衰。

天不仁兮降乱离，地不仁兮使我逢此时。

干戈日寻兮道路危，民卒流亡兮共哀悲。

烟尘蔽野兮胡虏盛，志意乖兮节义亏。

……

雁南征兮欲寄边声，雁北归兮为得汉音，雁飞高兮邈难寻。

空断肠兮思愔愔。攒眉向月兮抚雅琴。

……

关山阻修兮行路难，去时怀土兮心无绪。

来时别儿兮思漫漫，塞上黄蒿兮枝枯叶干。

沙场白骨兮刀痕箭瘢，风霜凛凛兮春夏寒，人马饥尵兮筋力单。

岂知重得兮入长安，叹息欲绝兮泪阑干。

……

战争是对人民最残酷的伤害，此时薛涛的弦外之音，郑君可会得知？

征战了多少次，夺了边疆又失了边疆，多少边关就有多少悲欢，帝王永远是帝王，俯瞰人间。再不敢提起他的名，一字便是一痛，“我若是罗敷，王仁知何处？”

薛涛在送别时竟如斯伤感，令人不得不起疑，更何况此时薛涛自比罗敷，亦令人不禁对郑刚与薛涛的关系顿生疑窦。

汉乐府《陌上桑》与《孔雀东南飞》中均出现了罗敷，后世便以此名代指勤劳贤惠的农家女子，然《孔雀东南飞》之中，只是焦仲卿的母亲提到“东家有贤女，自名秦罗敷，可怜体无比，阿母为汝求”，并无正面形象，而《陌上桑》中的罗敷则与使君有一番精彩的对话。

使君谢罗敷："宁可共载不？"

罗敷前置辞："使君一何愚！使君自有妇，罗敷自有夫。

"东方千余骑，夫婿居上头。何用识夫婿？白马从骊驹；青丝系马尾，黄金络马头；腰中鹿卢剑，可值千万余。十五府小史，二十朝大夫，三十侍中郎，四十专城居。为人洁白晰，鬑鬑颇有须。盈盈公府步，冉冉府中趋。坐中数千人，皆言夫婿殊。"

使君想要与罗敷进一步发展关系，罗敷却严词拒绝，并盛赞自己的丈夫威仪赫赫、仕途通达、品貌兼优，绝非使君能比。薛涛此时深情婉转，却以"罗敷"二字点醒郑资州请勿对自己动念。

薛涛的情感迟迟没有归属，而名噪一时的扫眉才子自然引来许多人的仰慕，但在征战之时，她止于礼义，轻轻地提点面前的痴心人儿："您透露出的情意，涛无福消受。"尽管自己似乎曾经是那个被遗弃和忘记的一方，薛涛还是保持着孤高的姿态，表达出自己不愿移情于他人的心思。

雨渐渐地停了，薛涛站在楼头叹息，奏完一曲又一曲。她也借着"独有罗敷望上头"留住将士们的心，家中尚有爱恋的妻子待君归来，可一定要珍惜生命，与家人团圆。此言一出，在场的将士无不动容，皆以为"他日伤心极，征人白骨归"，凯旋归家的愿望更加强烈。

千骑远去，薛涛远远地望着气势汹汹的军队，又独自在楼头奏

起了琵琶，缓缓地吟唱起古时流传的歌谣：

击鼓其镗，踊跃用兵。土国城漕，我独南行。

从孙子仲，平陈与宋。不我以归，忧心有忡。

爰居爰处？爰丧其马？于以求之？于林之下。

死生契阔，与子成说。执子之手，与子偕老。

于嗟阔兮，不我活兮。于嗟洵兮，不我信兮。

第二节

《别李郎中》—— 一片伤心画不成

花落梧桐凤别凰，想登秦岭更凄凉。

安仁纵有诗将赋，一半音词杂悼亡。

“午夜梦回，见妻子正于小窗前对镜梳妆，正如初见时那般娇俏。他们互相望着，却不敢动，不敢言，担心从梦中惊醒，担心如何开头讲”。这便是苏轼在妻子逝世十余年后于梦中再见时的场景。那一句“相顾无言，唯有泪千行”，想来是古今多少失去爱妻的男子心中最深的隐痛。

李郎中丧妻的噩耗未过许久，又传来他调任锦城的消息，薛涛与他平日交好，听闻此事便匆匆赶至他宅中话别。从马车下来，只见两盏白灯笼还点在府门上，门口无甚人影，十分寂寥。她有些担心，提起裙子小跑入宅，四处寻找。寻至花园处，远远望见李郎中独自站在池间的亭子里，身形消瘦似纸人，一阵风便可吹倒，再无

往日之威严。薛涛轻轻地走至亭外，小心翼翼地喊了他一声，他像是没有听到，无丝毫回应。她索性走到他身旁，近看几乎吓了一跳。几日不见，他鬓间华发陡生，眼眶凹了下去，眼睛里布满血丝，似乎苍老数年。“望庐思其人，入室想所历。”这样子，应是几日未能睡好，或是根本未睡吧。

李郎中从恍惚中清醒过来，扭头看到薛涛，脸色从疑惑到窘迫。他脸上的泪痕还未拭去，或许是他忘记了，或许是泪一直在流。他深吸一口气，然后用沙哑的口音向薛涛致歉。他声音很低，身子因情绪有些波动而晃晃悠悠，薛涛赶忙扶着他坐在亭中。

西晋有诗人潘岳，十二岁时与杨氏订婚，据说少年时曾挟弹出洛阳道，妇女们见到他无不为之倾倒，“皆连手萦绕，投之以果”。但是，他对妻子的感情却始终如一，可谓情深意笃。他二十四岁结婚，五十岁妻子不幸死亡，夫妇和睦相随二十六载。潘岳悲痛之极，为她服丧一年，期满后于元康六年（公元 296 年）改服赴任，作《悼亡诗》：

荏苒冬春谢，寒暑忽流易。
之子归穷泉，重壤永幽隔。
私怀谁克从？淹留亦何益？
僶俛恭朝命，回心反初役。
望庐思其人，入室想所历。
帏屏无仿佛，翰墨有余迹。

流芳未及歇，遗挂犹在壁。
怅恍如或存，回遑忡惊惕。
如彼翰林鸟，双栖一朝只。
如彼游川鱼，比目中路析。
春风缘隙来，晨溜承檐滴。
寝息何时忘？沈忧日盈积。
庶几有时衰，庄缶犹可击。

曾是一双人儿入蜀，而今只留他一人还。凤凰树上栖凤凰，梧桐叶落凤别凰。不日，李郎中就要离开锦官城。这次他便要独自一人攀过秦岭，到处都有他与其妻的回忆，想来这一路，必定不好走。看着共同居住过的房子，走进去就想到了夫妻间的种种经历。可是，在罗帐、屏风之间再也不会有斯人的身影。可是墙上挂的笔墨遗迹婉媚依旧，余香未歇。恍惚间，娇妻仍在，直到看到遗像竟悬在墙上，才想到那娇俏的人儿不会回来了，心中怅然若失，还有点惊惧。

古来痴情者甚多，如潘安、东坡、唐圭璋先生。李郎中丧妻不久，薛涛却如此体贴地为其赋诗，以排遣心中的愁绪。若有伤心之人在此赋诗一首，一半的句里皆含着悼词，定会与李郎中此时的心境相符。

天空很晴朗，午后的阳光本该很炙热，然而李宅中却没有任何的暖意。薛涛陪着李郎中就那么坐在安静的庭院中，一边安慰他，一边听着他将过往之事细细道来。

第三节
《江亭饯别》——红泥茶壶绿盖碗

绿沼红泥物象幽，范汪兼倅李并州。
离亭急管四更后，不见车公心独愁。

眼前是红泥茶壶，绿盖碗，鼻间是蒙顶的茶香，水藻的腥气。是日，天朗气清，会于城外离亭，为三人践行。数十好友皆至，少长皆具，可见三人交友之泛。并州李刺史与范、汪两位通判前来辞行，李刺史早与薛涛相熟，此番自山西而来，途经蜀中，在成都逗留几日，与薛涛晤面，自是一番唱和。

正值初春时节，惠风和畅，饯席气氛如往日那般欢畅，仿若不知离别将至也。从诗词歌赋，到当下时事，从着衣风潮到家长里短，所言皆妙趣横生，信可乐也。

此三人，皆正直之辈，治理一方，深得民心，且胸中有大才，每有盛会，邀其入座，他们总不负众望，时不时蹦出些锦言妙语，

引得赏会之人更加愉悦。薛涛打趣道："范汪兼倅李并州"，直以晋之范汪与今之范、汪二人作比。

范汪，字玄平，曾任东阳太守，世称范东阳。范汪善清谈，在东阳太守任内"大兴学校，甚有惠政"。在礼学方面很是精湛，《通典》载其议丧礼之文甚多。有文集十卷。并擅长医术，常以拯恤为事。凡有疾者，不问贵贱，皆为之治疗，每多治愈，撰有《范汪方》。更工书法，《述书赋》云："玄平近瞻，元常俯视。"《晋书》中载："范玄平陈谋献策，有会时机。崧则思业该通，缉遗经于已紊。汪则风飚直亮，抗高节于将颠，扬榷而言，俱为雅士。""荀范令望，金声远畅。"

薛涛捧起茶壶，一一上前添茶，以茶代酒，表的是深情厚谊。随之，众人相仿，皆以茶表心意。席间有人提议，要薛涛献歌一首，见友人兴趣极高，虽良久未唱，她推辞不得，便应了下来。她取出筝来，叫一人笙瑟相伴，浅吟低唱，谱了一首送别曲于三人。曲罢，厅内气氛急转直下，泣声不绝，有甚者与友人相拥嚎啕大哭。而此时，亭外马蹄鸣，更催离别意。

在这离亭送别的宴席上，急管哀弦次第催，行人就要离去，薛涛心下不舍，在一片茫然心绪中，沉郁吟诗，直言故人此去，唯留涛于锦城，恰似桓温不见车胤，惆怅亦无人说。

东晋车胤自幼聪颖好学，恭勤不倦，家贫无油，则在夏日置数十只萤火虫于練囊中以照书，夜以继日。历任中书侍郎、侍中、国子监博学、骠骑长史、太常、护军将军、丹阳尹、吏部尚书。他凡

所历任，则任劳任怨，竭尽心力，还能说会道，善于赏会。桓温主事荆州，征召车胤为从事，甚为器重，相继提升他为别驾、征西长史，每举行盛大宴会，桓温必邀车胤出席。若车胤因事未能出席，桓温便闷闷不乐，人们都说“无车公不乐”。

薛涛今日与三位一同游玩的诗友别离，心中的失落，非一两声“不乐”可以尽诉，时间带走了太多故人，薛涛年少时的宴会出游已盛景不再，知交零落天涯已无从追寻，人生之伤，莫过于斯。

太阳偏西了，声乐皆停，唯余归鸟展翅声。与三人告别，一句一字亦肺腑之言。霞光绽放时，三人上马，自夕阳中绝尘而去。长恨离亭，匆匆卷走身旁人。

送行的人也相互道别，东奔西去。薛涛笑着弯腰、挥手，留至最后。亭子又恢复了它的常态，清清冷冷的，它应是见惯了这样的场面，所以才能这般泰然吧。她静静地坐在椅上，捧起红泥茶壶，倒了一杯给自己。

入口很涩，茶凉了啊！

不知何时起，就喜欢上了喝凉茶，总觉得从苦中才能品出自己还真真切切地活着。日子一天天重复，没有惊喜，亦很少悲苦，若不想些法子提醒自己，就会沉溺在这种安逸中醒不过来了。

今日，与友会于锦城外离亭，送范汪兼李并州，一去三人，自觉更伶仃也。薛涛之别离，颇多怅然，送别姚院外时亦复如是：

万条江柳早秋枝，袅地翻风色未衰。

欲折尔来将赠别，莫教烟月两乡悲。

——《送姚员外》

“垂柳千万丝，春来织别离”，离别本就是常态，然而诗人却怨丝丝杨柳织就了别离，令相别伤断心肠。

古时交通不便，往往一别，便此生难见。于是，离别寄怀，道以最深切的嘱咐便成惯例。古来江边离亭之侧多植柳树，因“柳”与“留”同，人皆以此表达挽留之意。

《三辅黄图·桥》云：“霸桥在长安东，跨水作桥，汉人送客至此桥，折柳送别”。自此，折柳近乎离别的同义词。“昔我往矣，杨柳依依，今我来思，雨雪霏霏”可谓借杨柳抒离情的千古绝唱。而薛涛，身处折柳送别之风最盛的唐朝，于春季为友践行，便少不了折柳一支来表达自己的不舍与一切顺利的祈愿。

诗人罗隐灞桥送别时尝赋：

灞岸晴来送别频，相偎相倚不胜春。

自家飞絮犹无定，争解垂丝绊路人？

锦江前所未有地安静，静得仿佛就只剩下薛涛与姚员外两个人。临江载着的柳树，沿着两岸伸向远方，望不到尽头。此时已经

入秋，然而在风中翻飞的柳枝却依旧苍翠欲滴，没有任何衰败的迹象。这让薛涛的心里宽慰了一些。本就别离，若柳枝再衰败，便未免太不尽如人意了。

她提起裙摆，款款走到柳树下，抬头绕树一周，似乎要从万条柳丝中取出最为翠绿的那枝。她抬手，轻轻地截下一段，又袅袅地走到姚员外身旁，将柳枝递于他。“自家飞絮犹无定，争解垂丝绊路人”，既然柳丝绊不住离人，那便将心意托付与它，若一根丝带，将二人相系。如此，在异地他乡，便会少几分悲戚，多几分温暖吧。

第四节

《送友人》——世间再无离别苦

水国蒹葭夜有霜，月寒山色共苍苍。

谁言千里自今夕，离梦杳如关塞长。

“蒹葭苍苍，白露为霜。所谓伊人，在水一方。”

前两句写别浦晚景。“蒹葭苍苍，白露为霜”，可知是秋季。“悲哉秋之为气也，萧瑟兮草木摇落而变衰；憭栗兮若在远行，登山临水兮送将归”，这时节相送，当是格外难堪。诗人登山临水，一则见“水国蒹葭夜有霜”，一则见月照山前明如霜，这一派蒹葭与山色“共苍苍”的景象，令人凛然生寒。

这里是南国水乡，时间是沉沉夜深，视线里的河道向远方蜿蜒而去，流水潺潺，四野寂静，河边丛丛蒹葭随着夜风摆荡出绮丽的波，而伊人呢，伊人她在何方？

在水一方，那道阻且长，允我将你念想。

河岸边的人在黄昏时分便来了，直到这时，依然不舍得就这样让友人离去。薛涛着一袭浅碧衣衫，在夜里显得有些单薄，她用力执着友人的手，害怕一分开就是永远。

别离乃人生之常，正如相聚。思之简单，行之却难。

友人的马车停在一旁，车夫已有些困意，却不敢打扰这分别的场景，只捂着嘴巴打了个长长的哈欠。马车前，两匹棕色的马儿长得十分健壮，此时正闲散地摆动马蹄踢着脚边的野草，行动之间，带得车上的响铃断断续续地响。

想是无人愿意见离别，满岸的芦苇被寒夜染上了白霜，森森然的凉气充斥了河岸，像是河神凝着的泪。“嘎嘎”几声呜咽，一只野鸭从芦苇丛中飞了出来，扑腾着翅膀远去了。

薛涛抬眼向友人将去的方向望去，“前方”这个满含希望的字眼，隐没在无边的黑夜中。友人自是洒脱，她却不免为他担忧起来。关心故生忧，离开了蜀地，前方等待他的将是什么呢？薛涛偏过头想来想去，眉间聚了又散，终于得出答案——怎样都好，只愿他此生平顺，不起波折，安安稳稳，笑看红尘到老。

见着她的神色，友人自是一笑，将她心意明了。天下之大，有人为自己担忧着实是一种幸福。山海之阔，若有人牵挂便不会孤单。友人伸手抚上薛涛的手背，轻轻拍一拍，像是母亲安慰恸哭的小孩。眼睛弯弯地看过去，意思便是“我没事，你且放心”。薛涛的心，一瞬间便安定下来。

轻风吹开了薄云，像一只挑逗的手，揭开了月亮环在腰上的黑

纱。月色挥洒，天地间便明亮了一层。遥远的山峰在寒月映照下呈现一片深青色，深沉地诉说着别离的哀愁，直教人看成难以入眠的眼。

“当——当——”

山上的寺庙敲起了晚钟。声音像是从天外传送而来，低沉而宽阔。

是真的要离别了。放开手，挥手目送那背影远去，如果缘分捉弄，大概永远不能再见。

友人背转身去的一瞬间，薛涛忍不住叫住了他。原来，她的眼眶已经全湿了。

友人有些怜惜地看着她，倒像今天离去的人其实是她一样。薛涛吸了吸鼻子，一抬头，突然绽放出一个明媚的笑容，像是风雪乍晴的天空。

友人赴边去，再见不易，除非相遇梦中。不过美梦也不易求得，行人又远在塞北。“天长地远魂飞苦，梦魂不到关山难”。“关塞长”使梦魂难以度越，已自不堪，更何况春梦了无痕，近来连梦也不做了。

在空气里缓缓升起的欢喜里，夜间的寒冷默默褪去了一层。有些寒霜，在离人的心里已经融化了。

知音在世，距离又有什么关系呢？你的心里有我，我的心里有你，我们的梦，便是共通的。纵然身体相隔千里万里，心也能在瞬间相聚。

似这般，世间再无离别苦。真好。

曦轮初转照仙扃，旋擘烟岚上窅冥。

不得玄晖同指点，天涯苍翠漫青青。

——《斛石山晓望寄吕侍御》

在一片熹微的晨光中，薛涛醒来，这是她借宿斛石山的第一个清晨。

日头还在竭力地往上爬，现下它的头顶还未越过地平线，不过金色的光已经挑开了东方的灰蓝帐子，下一刻，似乎要从帐中钻出什么神物来。人烟也还未被催醒，醒来的皆是自然界的生灵。在空中盘旋的飞鸟，微风里摇曳的树叶，含露待放的兰花……它们似乎要赶在第一缕晨光撒予天地时，与万物一同接受阳光雨露的灵气。

朝阳还在吭哧吭哧地往上爬，慢慢地拨开天空的第一缕光剑消失在万缕金丝中，东方的天空从橙黄，到赤红，到金黄，到亮黄，而薛涛房里的窗户也慢慢地从微蓝恢复它木头的质感，进而又有一缕“生长了胳膊”的光丝爬上去，带上些微黄的色彩。斛石山在梳妆过后，掀开了雾帘，光鲜亮丽地露出脸来。耸入云霄的重重巨崖上满是苍松翠竹，到处是青葱怡人的绿，一改之前的含羞带怯，尽显豪气。

山间的空气格外清新，迎面而来的风中带着花香和草木腥，沁入脾肺，让人精神振奋。回廊两侧栽种了许多兰草，晶莹剔透的露水还沾在花头，于阳光下亮晶晶的，将花儿点缀得更有光彩。

“白日丽飞甍，参差皆可见。余霞散成绮，澄江静如练。喧鸟覆春洲，杂英满芳甸……”

每次读到谢朓的诗，便觉得在笔墨之外别有一番意味。薛涛叹息道：“可惜不能同当年的谢朓一同观赏此等美景。他文辞那般清丽，定能将此等美景描绘出来。”

再扭头望向那棵松树时，鸟儿已经不见了踪影，唯余整座斛石山，于晨光中安然地向世人展现它的苍翠与雄壮。

薛涛想起了远方的友人侍温公，他幼于薛涛一岁，出生于书香官宦人家，幼学从父，弱冠之年则从陆贽学《春秋》，从梁肃学文章。吕温诗作亦佳，如《白云起封中诗》：

封开白云起，汉帝坐斋宫。
望在泥金上，疑生秘玉中。
攒柯初缭绕，布叶渐蒙笼。
日观祥光合，天门瑞气通。
无心已出岫，有势欲凌风。
倘遣成膏泽，从兹遍大空。

薛涛想起了他，心思一动，便将今日之游尽数写在诗中，寄予友人，盼他能够收到。想罢，她又写了一首《斛石山书事》并在一处，归家后便托人寄出：

王家山水画图中，意思都卢粉墨容。

今日忽登虚境望，步摇冠翠一千峰。

讲一个传说有许多种方式，有的是写入青史，供后人粉墨瞻仰；有的是成诗赋歌，一代代传唱不绝；有的是提笔成画，泼墨间百年岁月如在眼前。

李白登高一句“飞流直下三千尺，疑是银河落九天”为庐山瀑布打下了永久的烙印，崔颢留下“昔人已乘黄鹤去，此地空余黄鹤楼”的故事，将黄鹤楼上的千载白云，缭绕出寂寂仙气与淡淡哀愁。

古时的人们出行并不方便，那些遥远的山水，往往只能在诗书图画里得以窥见，透过字句与笔墨去幻想它们的样子。即使是这样，对那时的人来说，也已十分满足。

薛涛在幼年时期便爱上书画，那些名山大川与它们的千古绝唱，早在一个个对书冥想的午后深深地刻在了她的心里，无奈身为闺中女儿，并不得许多机会外出，便大多数只能在心里肖想。

一页页翻过那雄浑的诗篇，她不禁想象着，“黄河之水天上来，奔流到海不复回”究竟是怎样一幅画面？万里高风，赤日苍穹，忽有一把利斧将天地劈开，于是日下天中，一道骇人裂缝乍然开裂，滚滚黄河从中喷泻而出，泥沙俱下，天地变色，是这样的吗？那么，黄河奔流时卷起的浪有多高？河岸上的沙子有怎样的触感？此去东海，中间流经了多少人生？

有太多的畅想与好奇，在这些诗句图画之中。也许其中的大多

数，穷尽薛涛一生都难以得见，但是它们留存在诗画中的美好已让她回味无穷。

王宰是蜀中极负盛名的画家，善画山水树石。《太平广记》载：“尝于席夔厅见（王宰）图一障。临江双松一柏，古藤萦绕。上盘半空，下著水面。千枝万叶，交查屈曲，分布不杂。或枯或茂，或垂或直。叶叠千重，枝分四面。精人所难，凡目莫辨。又于兴善寺见画四时屏风，若移造化。风候云物，八节四时，于一座之内，妙之至也。”诗圣杜甫亦戏歌以赋其作画之精：

十日画一水，五日画一石。
能事不受相促迫，王宰始肯留真迹。

令薛涛见之难忘的王家山水，画的是成都以北的斛石山。斛石山是一座形状奇特的山丘，两座山峰由南到北遥遥相顾，形似凤凰展翅，因此后来又被称为凤凰山。这座名山在地理上离薛涛并不远，她却一直没有去过，乍看到画作，不免心中有些黯然。

然而，画作的精致细腻、气象万千，很快吸引了她的注意。两座茂密的山峰构成了凤凰的头尾，其间山势盘桓曲折、尽态极妍，那灵活的线条，似是马上要飞起来。山中一树一石，皆用笔精到，曲则曲、直则直、枯则枯、荣则荣，没有一处不是它们应有的样子，全在道法自然。

这幅画令薛涛不由得叹服，她也深深记住了画中美景。

斛石山，不远。

这一次，不同于其他印刻在脑海中的山水画卷，永远只能靠想象到达，几年以后，薛涛真的来到了斛石山，亲自登上了这座记忆中粉墨砌成的山峰。

一阶阶登上那迂回的石梯，仿佛踩踏在水墨上。头顶一朵花落，是朱沙在飞舞。

斛石山上有一座至真观，相传蜀人张伯子曾在这里飞升成仙，使得这座名山成了道教的圣地。承载着这样的传说，山间的霭霭云雾，将山林装点成了仙气缭绕的虚境。

为了拜访至真观，薛涛第一次来到了斛石山，而当作出这个决定的时候，这个名字立即让她想到了曾经在韦皋处看到的那幅画。也不是对此中情景没有心理准备，到了山中，仍然会有惊讶之感从心头升起。眼前的景色似是画中景，却比画中景还要震撼和美丽。

拜访过画中楼阁，穿越过水墨森林，薛涛去到了斛石山山顶。

不知该怎样形容此刻的心情，层层叠叠的山峰交错于眼前，碧色连天，山花烂漫，她仿佛看到一千名盛妆女子笑盈盈地向她走过来，她们都有着秋水一样的眉眼、柳枝一样的腰身，华丽的发髻上插着美丽的步摇与翠冠，在晴空下闪着光。大自然过于华丽，她感到有些窒息。

一瞬间，有一个句子冲击着她的脑海——只有真正站在那里，才能看到至美的风光。

再绮丽的诗文，再天才的画家，能还原出的自然之态、意境之

趣的，不过万分之一。

山水如是，人生如是。

走千山万水，历世间百态，绝知此事要躬行。在那珠翠缠绕的山顶上，薛涛这样想着。

薛涛的信笺终于寄出，几十年来，从浣花溪畔而出的信件多如牛毛，她收到的却并不多。那时的社会交通十分落后，王命急宣亦有耽搁之时，薛涛一介平民，她的信件往往下落不明。或许，朋友的家人收到了远方寄来的诗句，可故人已永远闭上了眼睛。思念从世界的每一隅潺潺流出，却不是每一滴相思都能汇入消息之流，它们中的许多，都蒸腾在无名的角落了。

第八章

青衣素裳——旧时池苑更相忆

爱人一去不回，薛涛空把相思说与梁间燕子；故人游宦天涯，女校书唯以鸿雁传知音；父母早年客死异乡，薛涛的思念如涌动的溪水流到吴越，流向东海，化作云霞，梦中犹可归长安。

薛涛走入暮年，搬到城内碧鸡坊居住，以道袍示人，唱和中颇具一股清气。随着时光的流逝，她已渐渐看透世事，以通达与欢喜面对每一天的离别与相逢。既是天下宦游人，何须说得长相思，薛涛心中感念无数。她与世人的故事还在继续，但她与自己的故事却成了另一番模样。

第一节

《乡思》——浪子断肠在天涯

峨眉山下水如油，怜我心同不系舟。

何日片帆离锦浦，棹声齐唱发中流。

西蜀峨眉的景色秀丽，自从松州归来，她就一直隐居在成都西郊浣花溪畔百花潭之锦浦里，二十年来，她在此地与诸多友人会晤，浣花溪水也见证了薛涛的才思与离愁。不得不说，山水秀丽的蜀地气候宜人，锦江浣溪的流水，都如酥油一般滋润养人。

可是每个人都在心田里为故乡留下一方不可取代的角落，那是我们所失去的地方。薛涛自从随父亲飘零蜀中，就不曾再回到那承载着童年回忆的故乡长安，几十年来的沧桑起落，她总是不由得怀念家乡。

每一个安土重迁的中国人，都有一个无法忘怀的心愿，只盼浪子孤商，早还乡井，回到父母的身旁，依偎在最温暖的那个炉子

下，和他们述说在外游历的见闻，或许什么也不必言说，老人的白发让我们不忍惊醒他们习惯的酣睡，注视他们的面庞，松弛的皱纹会提醒我们光阴的无情与强大，也只有在日思夜想的故土，我们才能真切地感受到无常的侵袭，回首反观，原来异乡身是客。

提起薛涛的故乡，后人皆称“长安良家子”，因诗中“片帆离锦浦”一句，有人持议当是回到水乡泽国，若是去往长安，当是腰胯骏马或驱车北上，何来乘船之理。依据“峨眉山下水如油”，有人指出薛涛的故乡乃是在峨眉山，亦有言眉山者。然诗史互证，非此理也，薛涛目见峨眉风光瑰奇，心却眷恋故园，无心赏玩，方出此语耳。

只可惜薛涛检点自身，家乡远在长安，路途漫漫，更何况几十年如白驹过隙，还有何景留存？还有故人尚在？父母相继客死异乡，自己堕入乐籍，又罚赴边疆，归来蜀中后却仰仗官家，寄身溪边，或行或止，曾经的朋友也几近零落天涯，音讯茫茫，四十余年来连一可以思念的家眷都无。巨大的孤独感向她侵袭而来，真可谓“身如不系之舟”。

薛涛越发在成都感受到世事的艰辛，心确如死灰之木，她急于寻求一个能带来安全感的港湾，除了故乡，还有何处呢？可惜故园亦寻不到，微薄之身，真如未曾束缚的小舟，正如《庄子》所谓“巧者劳而知者忧，无能者无所求，饱食而敖游，泛若不系之舟，虚而敖游者也”，薛涛终日无所操劳，不过偶寄闲情于山水间，不必担心生计与前途。

但薛涛空具其形，心境远不似庄子般自由无碍，心中的牵挂总

是难以放下，哀叹起自己的身世来了。然此时的薛涛开始对庄子的“至人无己，神人无功，圣人无名”精神心生仰慕，亦在情理之中。几十年来，薛涛寄人篱下，虽心中韬略过人，才惊诗坛，但毕竟是一介女流，身处边塞不能挥戈疆场，跻身幕府却为酬唱弄臣，一生空付浣溪水，不禁悲从中来。庄子“不夭斤斧，物无害者，无所可用，安所困苦哉”的逍遥身影无疑给了暮年的薛涛以极大的慰藉，她努力地劝诫自己面对现实，自在无为地欢度最后的时光。

但浓浓的乡愁无法被高妙的大道与湍急的流水稀释，她见到桅帆相继而过，却无一属于自己，心中的失落感越来越强烈，她只愿“何日片帆离锦浦”，带她回到日思夜想的故园。

诗人的哀愁总是伴随着强烈的直觉，她在心中为这个愿望筹划起来，只觉得到了踏上归程航船的那一天，自己和家人一道，在河心欢快地作歌，吟诵着长安街头的小调或是流行的诗句，那时候父亲一定在船头远眺，母亲在船舱内漫卷诗书，但得此景，已然是和家人故园同在了，就是在漫漫江河中流落，亦是快事一件。

短短的二十八个字，短狭的深红小笺，怎能承载起沉甸甸的故土，薛涛就是连故土也不再有了，家书却往何处发？归舟能向何处行？思乡之苦，在薛涛处，已臻于极致。

怔怔地看着舟帆如箭，夕阳也慢慢隐去面庞，薛涛才从回忆中醒来，猛然见到寒凉的现实，不由得更加落寞。她轻轻地走进锦浦沉寂的房屋里，静谧的月光透过纱窗照在身上，她心头更加凄恻了。

传闻象郡隔南荒，绛实丰肌不可忘。

近有青衣连楚水，素浆还得类琼浆。

——《忆荔枝》

鲍防《杂感》诗云“五月荔枝初破颜，朝离象郡夕函关。雁飞不到桂阳岭，马走皆从林邑山”。鲍防大历中为福建观察使，时明皇为博贵妃一笑，诏马递进南海荔枝，邮传者疲毙于道，废马不计其数，七日七夜达京师。

荔枝喜暖，唐时还未能在北国成活，遂得之不易。然其天然的好滋味、讨巧的莹白果实和赤色外皮儿，颇得王公贵族的喜爱，贡品单里总是少不了它。于是每岁进荔枝，红尘飞一骑之状便一度真真切切地上演。对于上位者，他看到的只是红颗的珍珠；但对于邮驿者，却着实是壮烈。

为着那千金一笑，扬起了多少红尘。

原本荔枝只是贡品，市井上绝不能遇到，却因贵妃宠爱，岭南多植荔枝，如今荔枝亦“飞入寻常百姓家”，不得不说，正因贵妃专溺，这寻常之物成了人间绝品，进而化作人人皆爱的珍品。薛涛轻轻一叹“素浆还得类琼浆”，道尽了其中的曲折与传奇。

宋代东坡居士也曾为此一赋《荔枝叹》：

十里一置飞尘灰，五里一堠兵火催。

颠坑仆谷相枕藉，知是荔枝龙眼来。

飞车跨山鹘棋海，风枝露业如新采。

宫中美人一破颜，惊尘溅血流千载。

永元荔枝来交州，天宝岁贡取之涪。

至今欲妥林甫肉，无人举觞酹伯游。

我愿天公怜赤子，莫生尤物为疮痏。

雨顺风调百谷登，民不饥寒为上瑞。

君不见武夷溪边粟粒芽，前丁后蔡相笼加。

争新买宠出新意，今年斗品充官茶。

吾君所乏岂此物？致养口体何陋邪恶！

洛阳相君忠孝家，可怜亦进姚黄花。

然这并不能掩抑这位大文豪对荔枝的喜爱：

罗浮山下四时春，卢橘杨梅次第新。

日啖荔枝三百颗，不辞长作岭南人。

犹记得，在那些稀少而无忧的日子里，少女时常窝在母亲的怀中，像一只奶猫，伸出一只藕臂去够那晶莹玉盘中鲜丽的红色果子。她咯咯地笑着，面上带着甜味，把小手举到半空，一颗鲜红荔枝正包裹在软嫩的粉掌中。于是母亲便宠溺地接过，削葱手指轻巧舞动，期盼目光的殷殷注视下，戏法一般，三两下就剥出一颗水汪汪的莹白色肉球。

少女的脸蛋圆圆的，和那果实一样饱满，她欢快地张开口，珠贝一样的牙齿咬上去，溅出丰盈的汁，荔枝的味道随着味蕾甜到心坎里，连带着那时母亲怀抱的温度。

那滋味催生着幼年薛涛的一种认知：人间果实至味，不过荔枝耳。父亲学识渊博，从他那里，薛涛得知荔枝这种果子来自荒凉而遥远的南方一个叫作象郡的地方。

时如逝水，未经几何，父母皆亡。

又是一年五月，花木繁盛。她一人独自坐在窗边，一颗一颗去享受那甜美。荔枝依然那么多汁，未几便沾满了玉手，薛涛的手指也长成了白嫩修长的样子，倒像是记忆中母亲剥荔枝的手。

书房小窗下，薛涛铺开一张嫣红的纸笺，将细毫笔头蘸上浓墨，提笔，写下一个词，“南荒”，提笔，再写下一个词，“象郡”。

良久，她将那纸笺轻轻拿起，俯首，贴鼻，浓郁的墨香扑鼻而来，仿佛带着南方荒野里穿梭不尽的风，又弥漫着记忆里追索不尽的甜。这些，便是父亲那里荔枝的味道。

纸笺上的字一个个放大，幻化成一片模糊的山水。

多年以后，乐山荔枝楼，薛涛凭栏远望，但见青衣江上，流水追逝，素浆竟似琼浆，向远方楚水而去。那些记忆里的味道，便在一刹那盈满了心头。

也许一辈子都不能去到父亲口中的南荒之地看见荔枝满山的样子，就如同永远不能够回到遥远的过去再次感受母亲怀抱的温暖，但是荔枝的味道，怎能，怎能忘。

第二节

《采莲舟》——芙蓉佳人棹歌长

风前一叶压荷蕖，解报新秋又得鱼。

兔走乌驰人语静，满溪红袂棹歌初。

天青湖碧，初秋时暑气刚退，寒气未至，正是郊游时候，薛涛携友泛舟湖上，心情甚好。

湖上小舟星星点点，在午后阳光蒸腾的水汽里，喝醉了一般摇摇晃晃。三两只鸟儿低低地掠过舟头，洒下一片清凉，随之往荷叶丛中去了。

此时，除却虫鸣、笛音和偶尔鱼跃的扑通声，四下便再没有其他声响了。

倚在舟旁，薛涛童心忽起，将手伸了出去，指尖轻触江水，凉意便通过肌肤透到骨子里去。随后往水里更探进去一些，手掌便感受到水波的流动。

未过许久，从南山林中袭来一阵轻风，层层荷叶在风中缓缓地斜压下去，风过，便又缓缓地弹起来，像是整片荷塘在舒展身躯。湖面的水汽因空气流动加快而消散了许多，四周变得更加澄澈了。

忽的一阵号鸣，放眼望去，距舟几丈外，数十条采莲舟划入莲丛，哗哗的声音便如海浪般袭来，打破了之前的宁静。

江上叶嫩花初，身姿轻巧的采莲女在风中绫罗翻飞，玉腕轻摇间莲子颗颗剥落。船儿摇啊摇，沾湿裙裳。真如梁元帝所咏“紫茎兮文波，红莲兮芰荷。绿房兮翠盖，素实兮黄螺。于是妖童媛女，荡舟心许，鹢首徐回，兼传羽杯。棹将移而藻挂，船欲动而萍开……”

景色如画，又听闻远处传来爽朗的喝彩声，她好奇地向船家打听，原是有消息说今年鱼儿要大丰收了，船家脸上是掩不住的喜色。

曾经，韦皋在世时也曾写过一首《采莲曲》：

雨霁天池生意足，花间谁咏采莲曲。
舟浮十里芰荷香，歌发一声山水绿。
春暖鱼抛水面纶，晚晴鹭立波心玉。
扣舷归载月黄昏，直至更深不假烛。

薛涛不会不记得这首诗。在这首诗中，韦皋也不愿归去，只顾在采莲舟上长歌摇橹，即使到了深夜也不愿离去。薛涛心中想起故人的诗句，满是慨叹，斯人已逝，多少的故事都戛然而止。春去秋来，薛涛也渐渐感到凉意逼人。

天渐渐地暗下来，伴随着一阵阵的回程号子，采莲船一艘艘地从江面回到岸边。江边散步的游人缓缓散去，四周安静了下来。

江上的风刮得更大了，满江的莲花迎风摇曳，如同红色的衣袖翩然飞起。在远处，家家户户的灯点起，那勃勃的生气，像夜色一样弥漫开来。

月升日落，朝朝暮暮，鸟倦回巢，她也该归家了。

但薛涛却对这夕阳下的美景满是眷恋，她爱的正是这“兔走乌驰”的美景：

兔者，月也，庾信《七夕赋》：“兔月先上，羊灯次安。”杨师道《阙题》诗：“羊车讵畏青门闭，兔月今宵照后庭。”乌者，日也，方干《感时》诗之二：“日乌往返无休息，朝出扶桑暮却回。”杜光庭《招友人游春》诗：“难把长绳系日乌，芳时偷取醉功夫。”兔走乌驰，即日月流转、时光飞逝。

光阴无情，喧闹的溪流稍稍安静了些，薛涛却无怅然之感，她不悲不喜，即便是夕阳近黄昏，枯荷垂溪畔，她已淡然，世间本无长久之物，静默体味便罢。

回首，听得遥远的棹歌声中，摆荡着丝丝缕缕的欢喜、忧愁、艳羡，像天上稀疏的星，照进今夜的梦中。

红开露脸误文君，司蒡芙蓉草绿云。
造化大都排比巧，衣裳色泽总薰薰。

——《朱槿花》

薛涛仔细端详着家中栽种的朱槿花，“茎叶皆如桑，叶光而厚，树高止四五尺，而枝叶婆娑。自二月开花，至中冬即歇。其花深红色，五出，大如蜀葵，有蕊一条，长於花叶，上缀金屑，日光所烁，疑若焰生。一丛之上，日开数百朵，朝开暮落。插枝即活。出高凉郡。一名赤槿，一名日及。”

唐代诗人李绅有《朱槿花》诗：

瘴烟长暖无霜雪，槿艳繁花满树红。

繁叹芳菲四时厌，不知开落有春风。

那时女子，认为朱槿花期长，常把其当作发簪，佩于头上，以期良人垂爱，长长久久。薛涛视此小花，心中悠悠地想起卓文君来，世人皆谓薛洪度有蜀中卓文君之才，心下想来，不觉好笑，似乎她是她的一个梦。薛涛是卓文君的一个梦，还是卓文君是薛涛的一个梦？这些都不重要的，她遥想着几千年前那个敢爱敢恨的奇女子，竟神思恍惚了。

汉时，司马相如不得志时，在临邛富户卓王孙家操琴。才貌双全的卓文君方十七岁，“眉色如望远山，脸际常若芙蓉，肌肤柔滑如脂”，却新寡在家，司马相如仰慕文君，借琴曲《凤求凰》倾诉心曲：

凤兮凤兮归故乡，遨游四海求其凰。

时未遇兮无所将，何悟今兮升斯堂！

有艳淑女在闺房，室迩人遐毒我肠。

何缘交颈为鸳鸯，胡颉颃兮共翱翔！

皇兮皇兮从我栖，得托孳尾永为妃。

交情通意心和谐，中夜相从知者谁？

双翼俱起翻高飞，无感我思使余悲。

二人生情订盟，而卓父不允，文君遂偕相如私逃至成都，却无法维持生计，返回家乡当垆卖酒。卓王孙见之无奈，倍感羞辱，只得赠以奴仆百人，铜钱百万，卓文君由此和司马相如双双回到成都，过着富足的生活。尔后司马相如作《子虚赋》、《上林赋》，汉武帝大悦，拜为中书郎，此时司马相如春风得意，打算纳茂陵女子为妾，冷淡卓文君。于是民间传说，卓文君写了《白头吟》给司马相如：

皑如山上雪，皎若云间月。

闻君有两意，故来相决绝。

今日斗酒会，明旦沟水头。

躞蹀御沟上，沟水东西流。

凄凄复凄凄，嫁娶不须啼。

愿得一心人，白头不相离。

竹竿何袅袅，鱼尾何簁簁。

男儿重意气，何用钱刀为。

后来人们为此赋《望江亭》诗：

当垆卓女艳如花，不记琴心未有涯。
负却今宵花底约，卿须怜我尚无家。

这首藏头诗句首的四个字连起来为——“当不负卿”。在薛涛心中，这株小花，便是对自己与卓文君的慰藉，“愿得一心人，白首不相离”的愿望，果真有人实现过吗，她不禁对过去种种怀疑起来。

第三节

《酬杜舍人》——人间游宦空去来

双鱼底事到侬家，扑手新诗片片霞。

唱到白苹洲畔曲，芙蓉空老蜀江花。

缠绵病榻良久，见屋外日暖风和，薛涛再无心待在室内。在侍者的搀扶下，她一步一挪地朝花圃走去。几月不见，满池的荷花都谢了，碧叶也有些发黄。然而池边的菊花三三两两地开了起来。薛涛靠坐在藤椅上，半眯着双眼，在和煦的秋日里，吮吸着夏末秋初的气息。

刚刚安静下来的花圃，此时又传来“哒哒”的脚步声，闻声像是侍者从远处疾行而来。这让刚刚严令不许打搅的薛涛一时眉头紧皱。

“薛校书，杜郎中的信。”薛涛豁然睁开双眼，眼神里透出几分欢喜。与杜舍人算是忘年交，虽然早年皆听闻彼此，但总没有机会相识。不久前，他途经蜀中，特地前来拜访，二人脾性甚是相似，

颇有相见恨晚之感。

杜牧，为宰相杜佑之孙，杜从郁之子。唐文宗大和二年（公元828年）二十六岁中进士，授弘文馆校书郎。后赴江西观察使幕，转淮南节度使幕，又入观察使幕，历任国史馆修撰，膳部、比部、司勋员外郎，黄州、池州、睦州刺史等职。与薛涛一样，杜牧的诗歌以七言绝句著称，内容以咏史抒怀为主，但其诗句英发俊爽，多切经世之物，成就颇高，千百年来为世人传诵，略摘几首，以飨读者：

烟笼寒水月笼沙，夜泊秦淮近酒家。
商女不知亡国恨，隔江犹唱《后庭花》。

长安回望绣成堆，山顶千门次第开。
一骑红尘妃子笑，无人知是荔枝来。

银烛秋光冷画屏，轻罗小扇扑流萤。
天街夜色凉如水，卧看牵牛织女星。

此诗的诗题为《酬杜舍人》。据杜牧年谱，杜出为湖州刺史的第二年即大中五年（公元851年），又被召回京都任考功郎中、知制诰；大中六年（公元852年）方任中书舍人。当年便去世，享年四十九岁。然薛涛早在大和九年（公元835年）已然逝世，可见诗题为后人所加。

薛涛接过信，放在膝头。轻轻地撕开泥封，将信取出来。一阵

暖风吹来，扑面而来一股浓郁的花香，展开信时，有几片风干的花瓣从信中飘出来，她将信迎着阳光，一字一句地读出来：

山鸟飞红带，亭薇拆紫花。
溪光初透彻，秋色正清华。
静处知生乐，喧中见死夸。
无多珪组累，终不负烟霞。

白苹洲者，古来分别之地也，白苹生长在大江南北，人多以白苹洲指分别之处，想来杜舍人此时以此诗相赠，是刚刚与薛涛分别不久便作了此诗，如今方才寄到她手中。

此时，同样的秋光正洒在薛涛的身上，她持着信，再次缓缓地闭上眼睛，岁月静好，便是这般感觉吧。刚刚的烦躁和不安，在此刻消失得了无踪迹。

“静处知生乐，喧中见死夸。”薛涛读来，颇有禅意，生死之事，原本平常，然如庄子所言：“日方生方睨，物方生方死”，生者可以死，死者可以生，原本不拘于分段之生死，生灭之流变，无一时一处不在，所谓“生死旷野”，皆本来面目，原是不二之理。如今薛涛倒想起自身，拊掌大笑，吟了一句诗，聊以自嘲——“芙蓉空老蜀江花”。芙蓉生耶？老耶？死耶？原是空中妄生种种，诚可细细品咂耳。

霜规不让黄金色，圆质仍含御史香。

何处同声情最异，临川太守谢家郎。

——《酬郭简州寄柑子》

蜀中简州盛产良柑，并有以进贡者。如今剑南西川道简州刺史郭大人寄来柑子，薛涛心中满是感激，遂于笺上赋诗一首，灵机一动，写下了“霜规不让黄金色，圆质仍含御史香”。

郭简州曾为监察御史，司弹劾之职，隶属察院，品秩不高而权限广。监察御史分道负责，因而分别冠以某某道地名。《新唐书·百官志三》：“监察御史十五人，正八品下。掌分察百僚，巡按州县，狱讼、军戎、祭祀、营作、太府出纳皆莅焉；知朝堂左右厢及百司纲目。”

监察御史因“分察百僚，巡按郡县，纠视刑狱，肃整朝仪”，故为风霜之任，御史台常为人们称作“霜台”。郭御史耿介直言，颇有霜台之风仪，薛涛以“霜规”赞之，称其不让黄金台上的风采。

黄金台亦称招贤台，是战国时燕昭王为宴请天下名士而筑，“昭王为（郭）隗筑宫而师之，乐毅自魏往，邹衍自齐往，剧辛自赵往，士争凑燕”。南朝宋鲍明远《放歌行》有“岂伊白璧赐，将起黄金台”；唐李贺则言“报君黄金台上意，提携玉龙为君死”。

薛涛以“圆质仍含御史香”谢郭刺史所赠之柑，明言霜柑之色不逊于黄柑，暗喻郭刺史正直耿介，为人倾慕。“御史香”乃是当时一段佳话：时人以果蔬评价各阶官吏，“里行及试员外者，为合口椒，最有毒。监察为开口椒，毒微歇。殿中为萝卜，亦曰生姜，

虽辛辣而不为患。侍御史为脆梨，渐入佳味。迁员外郎为甘子，可久服。或谓合口椒少毒而脆梨毒者，此由触之则发，亦无常性。唯拜员外郎，号为摘去毒。欢怅相半，喜迁之，惜其权也。”

薛涛摩挲着手中的橘子，心里充满了淡淡的温暖。有许多情谊经不起时间，经不起距离，但若能跨过时空，便值得珍藏。“何处同声情最异，临川太守谢家郎”，一封酬谢信托鸿雁寄出。

更引用谢惠连的《柑赋》以表谢意，言此景虽异，此情却相同，更妙的是，《柑赋》是酬谢郭剑、郭封颖兄弟，以此来答谢简州郭氏，不仅无虚假之态，读来更是口齿生津、芳香无比。

青鸟东飞正落梅，衔花满口下瑶台。

一枝为授殷勤意，把向风前旋旋开。

——《辛员外折花见遗》

昨夜赏雪，窗户未关严，清晨醒来，窗前便多了一束梅花。花未做任何包裹，就那样自自然然地放在台子上，在熹微的晨光里泛着淡粉色的荧光。空气里弥漫着阵阵清香，让薛涛一醒来心情就格外好。

传说青鸟是为王母取食传信的神鸟，《山海经·西山经》有记载：“又西二百二十里，曰三危之山，三青鸟居之。”郭璞注：“三青鸟主为西王母取食者，别自栖息于此山也。”此时，见这突如其来的点点梅花，睡眼朦胧的薛涛便将思绪放得很远很远。

薛涛以青鸟衔花见遗之句酬谢辛员外，别有一番风趣，让人读

来，飘飘欲仙，恍如置身瑶台之上。

她披起薄衣，光脚走到窗边，将窗户大开。清冷的风随即裹挟着雪粒，扑面而来，薛涛不禁打了个冷战。此时已是腊月，白雪压枝头，红梅正翘时。

薛涛将台子上的梅花捡一枝捏在手里，细细赏玩。这枝花花色绯红，盈盈的花瓣上裹了一层薄霜，触手冰冰凉凉，嗅一下满腔生香。它应自正盛的花树上来，从摘下到此刻握在她掌心还未过多少时辰。花下附了一张红色纸笺，洋洋洒洒地写着辛员外的字，可见这青鸟便是他了，只不过并非复命前来。大概是见薛涛未起身，他不便守在门外，又见绮窗开，便想了此法送予她。这般浪漫的手法，便连薛涛也经不住内心一阵激荡。

许多人爱梅，“雪虐风号愈凛然， 花中气节最高坚”，爱它的坚强；“墙角数枝梅， 凌寒独自开”，爱它的孤高；而薛涛却独爱它的热烈。在冰雪中，毫不畏惧地舒展着生命，悍然地向世人展示它的激情，纵使一面盛开如锦，一面纷纷飘零。

薛涛找了只青色陶瓶，将花插入其中，摆在窗前。花瓣迎风徐徐绽开，如一只精灵，与风做着游戏，使得满窗生趣。

第四节

《试新服裁制初成》——褪去红裳着青衣

其一

紫阳宫里赐红绡，仙雾朦胧隔海遥。

霜兔毳寒冰茧净，嫦娥笑指织星桥。

元稹一去，未曾归来，留下浣花溪畔的女校书相思入骨却心愿难遂。故人离去，知交几已零落。薛涛的心中，几多萧疏之意，恐是少不更事的稚子所不能测度的吧。

褪去红裳，薛涛已不再是曾经的乐籍艺人，也不是诗坛女校书了，她选择了道袍作为人生最后的妆点。

世事冷暖皆尝尽，人间苦乐在心头。薛涛转身，已然是乡野的一个处士了。似乎在人间已不再有奢求，唯愿在紫阳宫中，长侍三清，随侍瓶钵了。

说起她晚年的转变，不可不谓之必然。薛涛少时即有出尘之

意，志兴放达，品格清峻，与歌舞场中虽颇多唱和，却处处透着细腻的无奈。

少时咏蝉，即谓之曰：“露涤音清远”，一如虞世南同名之作——“垂緌饮清露，流响出疏桐。居高声自远，非是藉秋风。”人格傲然屹立于世间，绝不乘风直上，绝不随波逐流，唯有心中一片高洁之境。迎送酬唱间亦迥然出尘，“凄凉逝水颓波远，唯有碑泉咽不流。”既是摩诃池中的梵音仙舟，更是远接碧落的意气清远。

终于她选择了离群索居，在寂寞中夜挑青灯，经卷相伴，以寂寞的姿态默然地退避喧闹的尘世。

新衣裁成，褪去鲜艳的妆点，薛涛试了试素雅的道袍，微微一笑，开始了青衣素裳的清淡生涯，但是她的才情未曾谢落，随口一吟，便是佳句天成——“紫阳宫里赐红绡，仙雾朦胧隔海遥。”素雅的生活没有掩住她对尘世的眷恋，也没能抚平她对游仙的疑窦。

青衫裁成，可是面对满园春色，薛涛心中压抑不住对曾经歌舞场中繁华的思念，更没能对韦皋的知遇之恩、元稹的爱恋之情忘怀，直以为是天上的紫阳真君见怜，赐下红绡一匹，让自己在万物得时的初春里纵情赏玩，她不禁产生了许多出格的遐想。

为了这样放肆的想法，薛涛不禁对蓬莱瑶池心生疑问，这些遥迢茫然的仙境却在哪里？真可寻得？她虽身着青衣，却在红尘与求道间摇摆不定。

我们去探寻她的心里轨迹并不难，她的诗句早已将心中所有的秘密抖落出来——“霜兔毳寒冰茧净，嫦娥笑指织星桥。”她以广寒

宫中的素娥为譬喻，哀叹自己飘零无助的身世，心中一片萧索，可是她没有放弃对往日鹣鲽情深的追忆，对“织星桥”不能忘怀的心头，站立着一位怎样俊俏的情郎呢？

宋代词人秦观的《鹊桥仙》传唱不衰：“纤云弄巧，飞星传恨，银汉迢迢暗渡。金风玉露一相逢，便胜却人间无数。柔情似水，佳期如梦，忍顾鹊桥归路。两情若是久长时，又岂在朝朝暮暮。”

薛涛的心间，何尝没有这么一位“佳期如梦”的知音，可叹如今的女处士，值得将入骨不露的相思深埋心底，花容月貌不再为谁妍。霜兔的寒毳、冰蚕的玉茧似乎都洁白而寒凉，是它们陪伴着她走完人生最后的平淡，回首顾盼，处处繁华留芳，这些却往何处去了呢？未来又该如何呢？

带着这些疑问，薛涛心中有着许多犹疑不决，许多胸中块垒，这一切都被新裁的青衣紧紧地拥裹，一切都被无声地掩盖……她以两难的姿态奔向紫阳宫中，奔向烟涛微茫的仙境蓬莱，因为除此之外，似乎再无别的选择，年华与美貌不再，爱情与知音零落，她在经历了几番起伏后终于走进了命运逼仄的小道里，正是自己幼年所向往的飘零自由，只不过在今天，多了几分无奈与眷念。

其二

九气分为九色霞，五灵仙驭五云车。

春风因过东君舍，偷样人间染百花。

新服裁成，薛涛见到这素雅的衣冠，深知昨日已不可挽留，未来尚须自己独自面对，浣花溪的流水载着期待冲散了种种妄想与哀愁，她决心开始新的生活，就决计不能为昨日私情所困。

“九气分为九色霞，五灵仙驭五云车。”薛涛穿着新的衣裳，大胆地想象着它们的来处——那时天上九气幻作九色云霞，布满天际，麟凤龟龙虎五神兽驾驭着五云神车。这既是薛涛对新裁成的衣裳的想象，也是对游仙生活的遐想。

原本唐代文坛就盛行“青年游侠，中年游宦，老年游仙”的风气，薛涛虽一代女流，却不让须眉男儿，人生竟亦雄壮过人：幼年时飘零蜀中，年方二八便入乐籍，得“女校书”之美誉，二十岁流落边塞，回成都后退居浣花溪畔，往来酬唱者甚众，经历了一番爱恨、相思、聚散、离别，她以一袭道袍了此余生，既是受当时文坛风气的影响，也是一位饱经沧桑的出尘女子必然的选择。

薛涛向道，却不是传统的晏晦清斋，她的道，绚烂如九色云霞，如五灵仙车，充满了对世俗美景的追逐与眷恋。

当时李唐皇室崇尚道教，时人鱼贯入于道观，然当时许多道士、女尼并非潜心修行，道观、寺庙甚至成为躲避世俗乃至法网的避世之所。如晚唐女诗人鱼玄机因正室“妒不能容”，就被丈夫李亿遣至咸宜观入道。而她身在道观，心在世俗，完全不尝幽玄道法之一滴。鱼玄机居于咸宜观时，还多与名士交流，往来酬唱，后因情感纠葛，竟心生歹意，痛笞女婢绿翘致死，因而下狱伏法。

薛涛却不是以宗教作为遁世的手段，她的心中有对神仙洞府、

蓬莱遨游的追求，但她依旧眷恋红尘，故而她的诗中，将瑰丽的来世遐思与激情的世俗情感结合在一起，化身为一个调皮潇洒的仙童——“春风因过东君舍，偷样人间染百花。”

显然，薛涛向往的道不是清逸出尘的，而是将人间游历赏玩、酬唱往来神格化了。她直以为春风度过东君的府邸，偷来繁华斑驳的春色，汇聚百花的灵秀，制成了身上的青衣，或许正应了那句“绚烂之极归于平淡”。然此时薛涛心中仍旧沟壑纵横，她并不能潜心于青灯黄卷，只为寻得更加繁盛的归处，能够再度开始一番黄金年华。

在这种矛盾的心境中，薛涛毕竟放下了对过去的追忆她将目光投向未来，一面屏退纷扰虔诚事道，一面展望这段生涯能够给年老的自己带来承诺与慰藉。

其三

长裾本是上清仪，曾逐群仙把玉芝。

每到宫中歌舞会，折腰齐唱步虚词。

长裾为春日裁成的新服，薛涛竟为之赋诗三首，她好久都没有这样激动了。此时的女诗人已下定决心转变自己的生命，不断劝诫自己，摆脱纠结和挣扎，息心安住在大道的舟筏之上。

“长裾本是上清仪”——那深红小笺上已经没有了情爱思念，全然是对道的渴慕，薛涛心中感念三清，在小小的一袭青衣素裳寄

托了自己典雅的理想，她只愿虔诚地于灵宝君前尊重承事，随侍瓶钵，过着清静无为的生活。

“曾逐群仙把玉芝”——薛涛还是没能放下自己瑰丽的遐想，希望仙草灵丹从天降下，葆住自己的年华。她对生活依然充满着激情，当她一心栖于道中，便心甘情愿地热爱着自己的生活，没有抱怨与悔恨，她仍旧全身心地投入到这样的生活中，既不同于厌弃俗世的伤心汉，也不同于躲避灾祸的亡命之徒，她是对生活钟情不改的女处士。

“每到宫中歌舞会，折腰齐唱步虚词”——她绝不放弃对生活的依恋，依旧穿着这一袭长裾出入场合众多酬唱的场合，可是在薛涛的心目中，巧把尘劳为修道，一心供养上清，只把一切作为灵宝天宫中的歌舞盛筵。在她看来，神仙生涯如同游侠、游宦一般，充满惊奇的体验。

步虚是道士在醮坛上讽诵辞章采用的曲调行腔，传说其旋律宛如众仙缥缈、步行虚空，故得名“步虚声”。据南朝宋刘敬叔《异苑》称：陈思王曹植游山，忽闻空里诵经声，清远遒亮，解音者则而写之，为神仙声。道士效之，作步虚声。在薛涛的心目中，巧化有为而入无为，生活不拘一格，此时的她将自己化作天宫中一名卑微平常的仙人，与众多上仙一道，折腰而歌，供养尊上。

在新服裁成前后，大和年间，薛涛由浣花溪畔的锦浦里迁入城内西北隅的碧鸡坊内，并在此建了一座吟诗楼，栖息在吟诗楼内，吟诗写字。想必当日薛涛离开居住了近四十年的住地迁入碧鸡坊

时，心中有着无限感慨；想必有许多佳作问世，以供后人吟咏，追寻她此时的心迹。可惜薛涛诗散佚太多，今人已经不能一窥薛涛当时的心境了。

碧鸡坊在虽不在闹市中央，却也十分繁华，正如《梁益记》所载："成都之坊，百有二十，第四曰碧鸡坊。"晚唐裴廷裕有诗曰："高卷绛纱扬氏宅，半垂红袖薛涛窗。"大概薛涛之吟诗楼就位于城内西北角落的子云亭旁，与千年以前的鸿儒扬雄为邻。就连近代词学家吴梅也在《读朱素臣》诗中神游碧鸡坊："记取玉箫来世约，虎山山下碧鸡坊。"足见此地声名之盛。薛涛眼见着一幕幕繁盛景象，心中可是更加寂寞了？她的清净生活如何依傍？

薛涛迁入碧鸡坊的原因虽已成谜，但今人却不得不惊叹她的幸运，就在大和三年（公元829年），南诏突袭成都，虽然边将御敌得力，成都大城未破，但是南诏军大掠西南郊的人畜数万，如果不是薛涛早已迁入城内西北隅，恐怕也难幸免于难。

薛涛迟暮之年，思乡之情愈切，是对乡土的眷恋让她选择了这里吧？惆怅之余，这里的繁华能让她想起久违的长安，那里物阜民丰，车水马龙，年迈的薛涛无力回到长安追寻故园，更何况，即使到了长安，又安能找到故居？薛涛唯有在此地建一座小楼，权把熟悉的川渝口音当作不再熟稔的乡音，寻找些许的安慰。

南宋之时，范成大、陆游皆客居成都，于碧鸡坊多有吟咏，却只字不提吟诗楼，想必那时小楼已然不存于世。但他们都不约而同地提到碧鸡坊的海棠之艳，如陆游《病中久止酒有怀成都海棠之

盛》诗：“碧鸡坊里海棠时，弥月兼旬醉不知。”《清波别志》谈及巴蜀之花时，也特意提拈“海棠富艳，江浙则无之。成都燕王宫、碧鸡坊尤名奇特”。

海棠殊为艳丽，为历来文人墨客之所好，民国才女张爱玲酷喜海棠，然其人生有三大恨：一恨鲫鱼多刺，二恨海棠花无香，三恨红楼梦未完。这倾倒众生的海棠，却非蜀中自有，据传闻，剑南西川节度使李德裕到任之时，从洛阳平泉山庄带来嘉木，赠予薛涛，在她的精心培植下，蜀地方才有了海棠。

碧鸡坊的海棠花，自薛涛在此种植，锦官城内始有此花。海棠之艳，与当年流落蜀中之时已然不同，褪去了张扬与好奇，多了几分恬淡与通透，薛涛此时“大隐隐于市”，目睹繁华的街道，依然与友人们往来，全然不觉时光飞逝，也不顾自己的容颜已然苍老，她就这样无所事事地在这里度过了人生最后的几年。

第九章

朱颜辞镜——山水云间葬名花

年华似水，放肆奔流，一经东去，永无复回之日。这正是晓来梳妆，镜中皱纹的无情处。人的肉体是那么的脆弱，经不起时间的一点点捉弄，人生了，人长了，人老了，全在一眨眼之间。青春貌美是一眨眼，鲜衣怒马、意气风发也是一眨眼，黄发小儿田埂上游戏着，一转身就佝偻了身体。

薛涛走在了人生的暮年，但她从容地面对一切兴衰荣辱，以一个女子的力量丈量着这个世界的价值，虽孔雀易老，韶华易逝，但是一代大唐女校书的青春从未失去，她以最先锋的姿态，走在针砭时弊、歌以咏志的风潮之前，给大唐的暮色平添了几分动人的光彩。

第一节

《江月楼》——蜀中江南好休息

秋风彷佛吴江冷，鸥鹭参差夕阳影。

垂虹纳纳卧谯门，雉堞眈眈俯渔艇。

阳安小儿拍手笑，使君幻出江南景。

在最后的几年里，薛涛的孤独与落寞越发难以遣散，她的名声为整个大唐的诗人所仰慕，但她感受不到一丝温暖与安稳。或许山水云间才是她的归宿吧，已经没剩下几个年头了，她倒潇洒地走在了巴山蜀水间，以云水逍遥来结束自己飘零无根的人生。

“江月楼地处赤水、雁水之间，为西蜀之胜，简州之奇。”郭刺史仰慕薛涛诗才，殷勤地接待薛涛一行，几十年前她还收到过他热心寄来的柑子。

薛涛登临斯楼，见两江并驰，好生壮阔，不由得心间清旷，一派激昂。薛涛的周围满是宾客，见到她，众人满是欣喜与期待，直

道："女校书可有佳句，以飨吾辈？"

薛涛正欲思索，却见雨后初霁，彩虹挂在两江之间，遥望夕阳，一派瑶池之景。

"秋风仿佛吴江冷"——瑟瑟秋风让薛涛感到些许凉意，虽是处于众人之间，她也没有交杯换盏的兴致，只是觉得暮年的自己已不会为这等场面所动，这样的酒肉诗词也不能为自己驱走孤独和不安。她轻松地应对众人的邀请，诗句一出便虚实互照，面前的雁水、赤水与千里之外的吴江皆乘着诗情倾泻而出。她想到了远在江南的吴淞江，那里的繁华恐怕也不过如此。可在薛涛的心底，触动她的却是自己曾经和家人欢聚一堂，年少时排场虽小，却珍贵无比，远非官宦名士间的往来所比。那时秋来天寒，有母亲嘘寒问暖，吩咐添衣，如今孑然一身，道袍加身，一丝温情也无。

"鸥鹭参差夕阳影"——江上鸥鹭跃起，逐鱼争蚌，热闹非凡。薛涛眼见这些生灵看似自由实则争闹的场景，疏阔之感油然而生，想来人生不过匆匆几十年而已，竟有如此多的杀伐、起落、奔波……薛涛累了，一袭青衫下，是一颗跳跃却通透的心。橘红色的夕阳如将要熄灭的炉火，虽然寂寥却余热犹存，疲乏之感袭上心头，薛涛直直地看着太阳缓缓沉入江中，心也稍稍舒缓了些。

其时雨后初晴，薛涛的心也沉寂下来，忽见彩虹垂在天际，两江之上皆可饱览盛景，心情也随之舒畅。"垂虹纳纳卧谯门，雉堞眈眈俯渔艇。"——彩虹如天边垂下，渺无边际，不可捉摸，却涵容两江之胜，岂不壮哉。谯门乃城楼之上用以远眺之门，此时却无

战时的戾气，被垂虹笼罩的城池显得安详可人，被雨水浸润的彩虹也浸润了烽火燎原的芳土与谯门。城墙也少了严峻残酷的气息，如一位饱经沧桑的老人睥睨众生，丰盛的水产和渔夫们的欢欣尽收眼底。薛涛不就是这样一位长者，历经沧桑磨难、时局变幻，气定神闲地站在江月楼头，饱览胜迹，看渔舟唱晚，那苍凉无奈的雉堞已然成为慈祥安宁的老母亲。

防御工事的鲜血被一朝又一朝的雨水冲刷得干干净净，边塞竟也有了江南一般的丰美与繁华，渔船全然不顾虑犯边的偷袭。她心中无限欣慰，正是因为使君的英明良策，简州的水土方能长年避免烽火的损伤，休养生息如吴江般肥沃富饶。薛涛从心中的寥落中走了出来，她一身残躯，已无所求，却看见曾经的谯门雉谍温柔地成了百姓的乐土，一片生活气息早就驱散了对战乱的恐慌。

“宁为太平犬，不做乱离人。”楼下的小童们也不必毕生漂泊。毫无忧愁的孩童见此胜景，满是惊奇，不禁拍手大笑。薛涛看身后众人皆惊讶地看着自己，拍手称快，直言此诗极佳：“风物流利，即使是叠字，亦不虚下，更无合掌之憾。”薛涛心下大快，感念郭刺史招待之德，吟出了最后一句——“使君幻出江南景”，感激郭刺史一番安排，让自己在西蜀见到了江南一般的秋色。更感激的是郭刺史能够如此强干，震慑住充满野心的蛮夷，并大事建造，开创了简州的太平富足，堪比江南之治。薛涛蕙质兰心，从心底的寥落中走出，努力融入丰满的现状中，以景赞人，让在座众人欣慰之感益盛。

吟罢六句，薛涛静静地坐下来，余者皆以为她会接着吟出最后

两句，她却轻轻地说了两个字——“意尽”。诗意已全然涌出，景色心情亦倾诉完尽，又何必画蛇添足呢？薛涛此举，竟引来一众诗人啧啧称赞，直道女校书颇有过人之处，言则有物，语不虚发，绝无为赋新词勉强呻吟之事。

薛涛累了，安静地看着昏暗的天空，再强力支撑也打不起精神，似乎往事在心头咀嚼得太多，甚至想起过去，都有些麻木了。她一句话也不想说，叹了口气，静静地闭目休息。

凭阑却忆骑鲸客，把酒临风手自招。

细雨声中停去马，夕阳影里乱鸣蜩。

——《西岩》

古有多少文人爱酒如狂，一日千斛，千杯不醉。然醉的是一份心情，一种境遇。也有几多文人，在夕阳斜照时驻马，枯藤老树，细雨乱花。然背影是一片沧桑，一股豪放。太白爱酒，醉催文思，于采石场边畅饮，风浪大气，鲸鱼突现，得仙童指引位归天庭，于是有了“骑鲸客”一说，虽然野史不足信。

此时，薛涛已至暮年，鬓生华发，一生波折已过，剩下的便是静流的岁月。仰慕太白良久，旅经西岩太白幼年读书处，恰好可以完成此愿。

《全蜀艺文志》中载此为“太白读书处，一在西岩，万县对山，有大湖在顶上；一在匡山，彰明县中”。而传说之中，“诗仙”李

白曾到山峰西崖上饮酒弈棋。日落黄昏，晚霞中飞来一只五彩金凤，口衔金壶，飘落在李白身边。李白举起金壶豪饮，而后抛掷金壶，仰天大笑，跨上金凤飘然而去，从此留下了“谪仙醉乘金凤去，大醉西岩一局棋”的千古佳话。

此时，细雨飘洒，放眼看去，是依山而建的小城，木屋错落有致，鲜有人影，宁静得仿若一座空城。她斜倚栏杆，呼吸极轻，像融进了周围的空气里。她身旁是一顶斗笠，身后只一名小厮、两匹瘦马，如此而已。

过往的水草丰美、莺歌燕语、狂风暴雨和走投无路，已如海市蜃楼。风过后，只留下苍茫的沙漠，像极了消失的楼兰，如梦似幻。胸臆间满是不可解的苍凉，有如一点一点放高的风筝，被亲手剪去拖拽它的线，然后看着它越飞越远。长亭寂寥，万物静默，她如一朵雨后的残花，淡淡地开着，坦然地面对将要来临的命运。在过去，总有叹息，但她并没有涕泪。生而为人，苦过，爱过，笑过，哭过，便已足以。早年丧父，走到今日，她内心已经很是感激。

“高歌取醉愈自慰，起舞落日争相辉。”李白的人生虽跌宕，他却一路高歌而去，放荡不羁。“举杯邀明月，对影成三人。”与人影、明月为伴，冷清吗？或许冷清吧，如她一样，可是“永结无情游，相期邈云汉”，他又并不那么孤单。薛涛取出一壶酒，迎风而立，将胳膊抬高，试图隔着岁月与李白同饮，隔着星辰与月邀约。

雨渐渐地停了，天上的乌云层层散去，一道彩虹架在山谷两侧，如同为小城立起了一道城门。一个，两个——街道里陆陆续续

开始有人在活动。炊烟升起来了，再过一会儿集市便会热闹起来。这便是尘世，柴米油盐，踏踏实实。

日头已降到山边，即使将落，也竭力将被遮盖许久的华彩化作彩霞染透了西天。沉寂的蝉也叫起来了，“吱呀吱呀”好不热闹。马蹄“蹬蹬”地踢踏着，似乎在催她上马。她从宁静安详的思虑中猛然醒来，轻轻一笑，笑里有戏谑、释然。

雨停了啊！这一离去，怕是再难与此地相遇。

“君不见黄河之水天上来，奔流到海不复还……天生我材必有用，千金散尽还复来——”

风不定，人已去，夕阳落霞满山红。昔人已乘仙鲸去，空留凡尘以仙风，世传李白骑鲸而逝，薛涛甚慕之，欲登揽瑶台，仰天大笑而去。

第二节

《九日遇雨》——骤雨秋寒染孤芳

万里惊飙朔气深，江城萧索昼阴阴。

谁怜不得登山去，可惜寒芳色似金。

重阳佳节，秋高气爽，正宜远足踏秋，登高望远。薛涛应友人之邀，策杖出门，一览城郊秋色。难得还能见到如此清爽浓郁的秋色，她的兴致很高。

可是寒气骤然而至，一阵凛冽的寒风吹来，薛涛临江远眺，却只见黑云压城，一片萧索，让本该是明媚的清晨，也一片阴郁的氛围。

看来是要下雨了，今日的计划只得搁浅，薛涛心中一阵惆怅。对于年迈的她而言，出门远行实为难得之事，今日身体无恙，又逢佳期，出得城来，奈何天公不作美，偏降下三九天的寒气。一时间秋叶凋零，肃杀之气笼罩了巴山蜀水，突然，暴雨骤至，一阵嘈杂的雨声似乎要揉碎整个城池，眼见着围绕着城墙的护城河里，河水

突然间高涨，薛涛心头不禁一紧，难道今日之行就此作罢？

尽管她再想要登上山头，去看一看更加旷远的天空和更加壮丽的山河，都不得不蜷缩在山下的一隅，眼睁睁地看着大雨席卷大地上的每一寸秋色。

薛涛偶一低头，看见不远处的雏菊，在暴雨秋寒的袭击之下，依旧保持着盎然生机，她被这份倔强深深打动了。在玉竭凝霜、百花摇落、色陨香消的寒秋中，唯有菊花还能骄傲地含苞吐蕊，色如黄金，给萧索的秋雨增添了瑰丽迷人的色彩，其艳丽奇诡竟不落于雪落芭蕉。

在清冷的早晨，雏菊的颜色如此鲜艳，划破了阴沉的天空与嘈杂的大地，她的挚爱元稹有诗句言“不是花中偏爱菊，此花开尽更无花”，此时想起，实乃贴切无比，诚不谬也。此时时至深秋，百花尽谢，甚至嘉木为狂风所折，菊花身躯微薄，柔弱似一张飘落的笺纸，却能凌风霜而不凋谢，历骤雨而不败落，在沉闷的秋日之中独立支持，为世界平添了一派坚强的勃勃生机，薛涛简直忘情，爱不能舍了。

纵观薛涛的一生，不也是如菊花一般吗？尽管有着无数的磨难和打击，但她高昂的头颅从未低下，六十年来的风雨和烽火，也未能伤害自心光明之一毫。薛涛心中对菊花爱怜不已，也受到了菊花的鼓舞，为它的风骨所感染，心绪悄然变得旷达耿直起来，刹那间那个潇洒无羁的“女校书”重返人间，一扫暮年以来的颓废，以更加昂扬的姿态去笑对四季的流变。

薛涛自幼学诗，前人诗句早已熟稔于心，如诗圣杜甫的“寒花开已尽，菊蕊独盈枝”，挚友“诗魔”白居易的“满园花菊郁金黄，中有孤丛色似霜”……她已无力去描摹菊花的美态，在她的心中，菊花已然与自己的性格化作一体，一句“可惜寒芳色似金”已道尽心中六十年的苍凉与欣慰。

菊花一经开放，便不在花丛中，历代诗人都为其气节所折服，如南宋郑恩肖的“宁可枝头抱香死，何曾吹落北风中”；清人许廷荣的《白菊》“素心常耐冷，晚节本无瑕”……菊花独自在强大的逆境中开放，与一般的脂粉风格迥异，却宁可枯死枝头，也绝不因风雨一改矢志，堕入泥土。薛涛与古来诗人都道出了菊花形虽柔弱神却坚韧的风骨，但薛涛一介风尘女子，对菊花之品格更加谙熟，与雏菊之语，更如闺中的家常私语，平添一份亲切。

茱萸秋节佳期阻，金菊寒花满院香。
神女欲来知有意，先令云雨暗池塘。

——《九日遇雨二首》

踏秋之行，薛涛本欲登高佩茱萸簪菊花，却因雨受阻，她的兴致本十分低落，却因角落里的菊花一番点染，顿时扫却阴霾。

重阳乃是中国传统的节日，其发轫可追溯到先秦之前，《吕氏春秋》载：“命家宰，农事备收，举五种之要。藏帝籍之收于神仓，祗敬必饬。”“是日也，大飨帝，尝牺牲，告备于天子。”汉代

《西京杂记》已有“九月九日，佩茱萸，食蓬饵，饮菊花酒，云令人长寿”之说，魏文帝曹丕云：“岁往月来，忽复九月九日。九为阳数，而日月并应，俗嘉其名，以为宜于长久，故以享宴高会。”这一天人们登高远行，以求长寿，以祭先祖。而茱萸味浓，有驱虫去湿、逐风邪的作用，并能消积食，治寒热。人们也认为九月初九是逢凶之日，便喜于佩戴茱萸以辟邪求吉。

薛涛对这一风俗十分珍视，自幼父母便如此叮咛嘱咐，即使流落蜀中，她也未敢忘也，如今年已垂暮，如是风俗自当从之，只可惜不能登高插茱萸了，似乎自己与过去的一丝微弱的联系也因之不存。诗人王维的“遥知兄弟登高处，遍插茱萸少一人”传遍大唐，薛涛此时忆起，心中竟一片黯然。

逝者已矣，故人亦各奔前程，唯愿诸位平安喜乐，薛涛如此安慰自己。她已不再有心力去“常怀千岁忧”了，倒不如安静地赏玩眼前的“金菊寒花满院香”，那是上天此刻给她的最好馈赠，她全身心地投入到眼前的享受中去了。

见之为金，触之为寒，嗅之为香，薛涛沉醉在菊花带来的秋意里，只觉得神清气爽、乾坤澄澈。她心地清凉，只觉得重阳之雨，乃是巫山神女的早讯。

自从潜心向道以来，薛涛日渐自适逍遥，面对风雨侵扰，心中一片淡然，只觉得是巫山神女前来接引的征兆。《襄阳耆旧传》云：“赤帝女曰瑶姬，未行而卒，葬于巫山之阳，故曰巫山之女。楚怀王游于高唐，昼寝梦见与神遇，自称是巫山之女。”战国时宋

玉《高唐赋》称楚怀王游高唐时在白天梦见女神愿荐枕，神女临去时称自己“旦为朝云，暮为行雨，朝朝暮暮，阳台之下”。而神话中的额神女未嫁而夭，后化身瑶草，并助夏禹治水，为道教神祇中颇受尊崇的一位。

薛涛心中以巫山神女为自己的人格偶像，自知要如瑶姬神女一般清逸出尘，“晔兮如华，温乎如莹，五色并驰，不可殚形”，便不得不承受大自然的考验与冷暖世情的戏谑，不嗔亦不喜，不忧亦不惧，心地通透。虽然前人多言云来雨往皆如一场大梦空悠悠，如张九龄《巫山高》尝谓：“神女去已久，白云空冥冥。惟有巴猿啸，哀音不可听。”薛涛却坚定地相信，空灵之中，亦有缘起缘灭，绝非顽空凝滞，正如面前的池塘“叮叮咚咚”地一片欢声。

薛涛收拾了被骤雨浸湿的衣角，不觉天已明朗，她却无意于秋色萧疏，只醉心于清俊的菊香之间了。

第三节

《广宣上人见示与诸公唱和》——涓泉流长点禅心

许厕高斋唱，涓泉定不如。

可怜谯记室，流水满禅居。

一日，薛涛收到邮驿快马送来的书信一封，拆开一看，是故友广宣上人寄来的新作，并邀她唱和。广宣上人与刘禹锡甚为亲近，元和、长庆两朝受大内供奉，被皇室供养在安国寺红楼院内。他游至蜀中，与薛涛诸人熟识，多有唱和，他也以菊明志：

可讶东篱菊，能知节候芳。

细枝青玉润，繁蕊碎金香。

爽气浮朝露，浓姿带夜霜。

泛杯传寿酒，应共乐时康。

薛涛心忖，这位前辈高僧寄来佳作，实是厚爱，然自己心中一派谦和，不愿以文墨争长短，直言道“许厕高斋唱，涓泉定不如。”——您的斋堂内，已有诸多文人墨客乘兴赋诗，薛涛如一片涓涓细流，定不如高山大海般气象壮阔，不敢与之争辉。

而薛涛以“流水满禅居”来形容唱和之盛景，亦是对诸公的褒扬。古来有“高山流水遇知音”的佳话：先秦的琴师伯牙一次在荒山野地弹琴，樵夫钟子期竟能领会这是“巍巍乎志在高山”和“洋洋乎志在流水”的气象。伯牙惊道：“善哉，子之心而与吾心同。”钟子期死后，伯牙痛失知音，摔琴绝弦，终身不复操琴。薛涛引用此典，引唱和诸位为知音，以酬此相邀的盛情，然几句寒暄之间，一片禅心点染，颇得高妙。

锦浦归舟巫峡云，绿波迢递雨纷纷。

山阴妙术人传久，也说将鹅与右军。

——《送扶炼师》

唐人好养生，崇尚道教及炼丹之术，薛涛自着道袍以来，与道士间的来往愈多。据《唐音癸签》载，道士有三号：曰法师，曰威仪师，曰律师。其德高思精者曰炼师。

老炼师是远在巫峡地区的一位老道长，因书画结识薛涛。不久前，他曾嘱咐薛涛为其书写经文。那天，薛涛在碧波荡漾的锦江之

滨，送别炼师远归巫峡。临行之时，薛涛在离亭中把自己亲笔书写好的经文卷轴作为礼品，赠送给老炼师，深谙书法艺术的老炼师赞叹不已！他在大加赞赏薛涛书法艺术的同时，打趣地对她说：“我应当效仿晋时的道士赠鹅于王右军一般，酬谢您的布施。”

王羲之性本爱鹅，时会稽山上一寡居的老人养了一只善鸣的鹅，羲之在集市中寻找相同的品种，皆未能找到，于是携亲友骑马到山上去看这只鹅。寡居老人听闻王羲之要到她家里来，十分高兴，便将鹅宰杀了来款待他。王羲之到她家后，听闻此事，叹息了数日。后来，又闻山阴有一道士，养的鹅都很好，羲之欣然前往，看到后觉得十分满意，所以想以市价买回去。道士说：“为写道德经，当举群相赠耳。”王羲之允，欣然写完，然后带着满笼的鹅高兴地回家去了。

老炼师以王羲之“山阴妙术”喻薛洪度，她也不故作谦虚，高高兴兴地应承下来。船夫撑起船，缓缓地开始摇动，舟便从绿波中划开一道水痕，如同一尾大鱼，朝远处游去。

远水长流洁复清，雪窗高卧与云平。
不嫌袁室无烟火，惟笑商山有姓名。

——《酬杨供奉法师见招》

在汉朝，有四位具盛名的白须学者因不愿出仕，隐居商山深处，安贫乐道，被世人称为“商山四皓”。《紫芝歌》歌曰：“莫

莫高山，深谷逶迤。晔晔紫芝，可以疗饥。唐虞世远，吾将何归？驷马高盖，其忧甚大。富贵之畏人兮，不如贫贱之肆志。”这乃是四人为表志向而作。在薛涛同时代，也有这般有名望的隐士，其中尤数杨法师最为出众。

他在蜀中很是出名，因其修为极深厚，被皇帝招为供奉。然而虽然如此，他却常年幽居于深山中，寻常人难以见到，即便专门求访也常常被拒之门外。薛涛晚年修习道家，听闻有修为高者幽居蜀中，便一直存着拜见的想法。时值冬日，俗事不多，于是她写了拜帖，乘车往杨法师所居山中去了。

蜀地冬日极寒，一路行去，万物皆挂白霜。远处，长年不冻的江面上浮着一层白气，如冻结一般，在阳光下冷冷地发着寒光，缓缓地往东而去。往山里去时，气温又陡然下降几度，即使是身处车中，抱着暖炉，薛涛亦感受到从外面钻进来的浓浓寒气。四周静逸，细听之下，只有自己马车车轮滚动的声音。行至半山，薛涛拨开帘子，“千山鸟飞绝，万径人踪灭”，她眼中所观，大概就如柳宗元的这句诗。“咯吱咯吱”地在被雪和枯树枝覆盖的山路上行进了半个时辰，终于到了杨法师的院前。

眼前是一座简陋的院子，只有北厢和东厢，屋外围了一圈篱笆，在朝山路的方向搭了一座简单的木门。院里此时没有人，薛涛轻轻地扣了扣了门上的铁环。不一会儿，从东厢里走出一位极消瘦的男子。他身着一身青色道袍，不紧不慢地走到门前，将门拉开。此时，薛涛才看到，门并未上锁。

杨法师面庞和善，说话缓慢平和，与他讲话身心舒畅。他话语里常含着的别样哲思，在谈天时不经意流露出来，通透、睿智，让薛涛受益匪浅。东厢是他的起居室，所以接待薛涛是在北厢。房中并未烧炉火，虽然房子朝南有阳光照射，但在冬日里还是略有点冷。薛涛的视线扫到窗户，只见窗台上的积雪与窗外的云同高，难免又将衣服收紧了一些。然而身着单衣的杨法师见状却笑了笑，似乎丝毫没有感到寒意。

围坐屋中，薛涛提起商山四皓，盛赞他乃蜀中第一隐士。然而他却并不以为然。真的隐士在史上皆留不下姓名，而他们四人便是取巧了。薛涛听到此句，觉得甚妙。

寒气在聊天中慢慢地散去，在归途中，薛涛回味着这次拜访，心中皆是满足之感。

第四节

《筹边楼》——孔雀声老歌咏志

平临云鸟八窗秋，壮压西川十四州。

诸将莫贪羌族马，最高层处见边头。

筹边楼，想起它来，薛涛总觉得既欣慰又担忧。

四川临界少数民族边区，军政状况极复杂，自从韦皋离任走后，川中局势一直飘忽不定。群龙无首则混乱生，前一任的节度使昏聩无能，时常纵容手下的军队去劫掠边区民族的财物和马匹。

丰满的草场就像一块块人心的试练场，羌族人民肥壮的牛马勾起了隐藏在兵士们血液里卑劣的贪欲，于是他们枉顾军法、道德，给那些手无寸铁的无辜牧民造成了一次又一次的劫难和悲伤。

一而再，再而三，在强盛大唐震慑下始终心存畏惧的少数民族终于还是怒了。为了保护自己的家人和财物，再弱小的民族也要起

兵反抗。广阔的草原上硝烟四起，没有被抢走的那些肥马，被复仇的汉子骑着踏向了蜀中的土地。

暴乱时起，虽然每一次的势力都不大，不至于造成毁灭性的伤害，但连年的战乱还是使蜀中人民苦不堪言。而置于对方的境地，这些复仇的汉子又有什么错呢？

令蜀中人民受苦的不只是外部的暴乱，导致外乱的根本原因还是官员昏聩、兵士贪婪。官员昏聩，内政不佳，强征暴敛，欺压软弱，类似的事情总在最底层的地方发生着。

一桩桩、一件件，薛涛都看在眼里。她心忧，她劝谏，但她终究是女子，又隐居多年。

她只能眼看着仇恨像一阵刮不尽的风，从土地的这一头吹到那一头，风向一变，再吹回来。那风吹起的时候，是一排一排的兵、一列一列的马，从蜀中向边区或从边区向蜀中，扬起漫天的尘。

若是贫苦百姓能自己做主，没有人愿意打仗。薛涛想，蜀中的男儿一定更愿在家中播种，而边区的男儿则更愿在草场放马，可为什么他们却争相把性命丢在了战场？

荒草埋没了尸骨，老者失孤、妇人失夫、孩童失父，田垄上牛羊哭，小湖边马儿泣。一年年，仇恨仍在，暴乱不止。

直到李德裕上任西川节度使，蜀中的天色才渐渐明朗起来。大和四年（公元 830 年）十月翰林学士李德裕奉皇命镇蜀，为剑南道西川节度使。李德裕，字文饶，赵州人，任此职两年后，就于大和六年（公元 832 年）十二月右迁兵部尚书，中书门下平章事，后拜

太尉，封为卫国公。就在李太尉入蜀次年的秋天，韦皋曾经豢养的一只孔雀随着秋风凋零在庭苑内的池子里，这只孔雀与薛涛有着极为深厚的渊源，当年提议开池设笼饲养孔雀的，正是薛涛。

连天寒雨落，一阵秋凉。院子里的景物早早地换了颜色，一点一面由绿到黄，想来，竟然不知是什么时候发生的。满地的黄叶，上有未干的夜雨微光，有种说不出的美，也有些寂寞。

窗前，薛涛的一身女冠服已经穿得旧了，袖口处有些泛白，像被雨洗过的天色。梳妆罢，玉梳上缠着一根细软的白发，她瞧见了，连一声叹息也没有，平静地摘了下来。

转头看，架上的书昨日又读完了一卷，新的那一本是昨日朋友刚遣人送来的。送书的是个能发现新奇事物的朋友，想必这书也和他一样有趣。昨日天凉睡得早，书桌上放着写给老友还未写完的信。这些年来，无论相隔多远，依然能以书信互相牵挂，每每写信收信，都觉得生而有幸。对了，今日有宴，是节度使设的宴，筹边楼建成了。

李德裕到了西川后，先是整顿了西川的吏政，吏政清明，民众才能休养生息。然后，便是这最棘手的暴乱。李德裕出身士族，幼时便学习兵法，于征战上颇有才能。到了西川后，他立即带领心腹巡视边防，观察地形，研究军情，最后决定在成都西郊建起一座高楼，用来监测敌情，并召集将领和谋士，共同商讨对敌之策。

春花秋月，夏雷冬雪，蜀中在经历了连年的伤怀之后，终于度过了相对平静的一年，对普通的老百姓来说，这样平静无波的日

子，已经是他们能想到的最好的福气了。

就在孔雀逝去的那个秋天里，李德裕主持兴建的筹边楼落成，高楼的四壁都描绘着蛮夷各地的险要关隘，李德裕就与将领们在此筹划战事。筹边楼建成之时，薛涛前往赴宴，献诗称贺。

边关大小军情，皆在运筹帷幄之中。

这一日节度使设宴，为了庆祝筹边楼建成，薛涛也终于可以一睹这座楼的风采了。它能不能像人们希望的那样，成为镇压动乱的一个大本营，救蜀中万民于战乱水火呢？

在李德裕之前的节度使在统领藩镇时治理无方，并不能震慑官吏，不顾民族之利益，强迫边陲羌族的边民与之贩卖牛马，却贪婪悭吝，并不酬付给充足的银两，以至于边塞的部落深患其苦，相继落草为寇，侵扰边关。

“最高层处见边头”，即是薛涛对新任的节度使的赞颂与期望：登高方能望远，诸位将领莫贪小功，以为掠得宝马即为傲事，当如李将军一般，高瞻远瞩，运筹帷幄，使得边陲归敬，不敢有挑起事端的行径。

在《四库全书总目提要》中，纪昀对这首诗评价甚高：“其托意深远，有鲁嫠不恤纬，漆室女坐啸之思，非寻常裙屐之所及，宜其名重一时。”乃是对薛涛胆识与远见的赞赏，于酬唱之时不忘讽谏，又不落流俗，有鲁国寡妇不怕纬纱少只怕亡国的远见，更有漆室女忧国长啸的胆略，绝非一般女子所能企及。

后来，筹边楼渐成瓦砾，故基不可考，宋淳熙三年（1176年），

制置使范成大重建此楼，并作《水调歌头》一曲：

万里筹边处，形胜压坤维。恍然旧观重见，鸳瓦拂参旗。夜夜东山衔月，日日西山横雪，白羽弄空晖。人语半霄碧，惊倒路傍儿。

分弓了，看剑罢，倚阑时。苍茫平楚无际，千古锁烟霏。野旷岷嶓江动，天阔崤函云拥，太白暝中低。老矣汉都护，却望玉关归。

这些后来的事，与即将离开这个世界的薛涛已经无关了，在她所处的世界里，星星点点的喜悦从微风里飘荡到她的身边，怀着期待的心情，她坐上了马车。当日宴客的场面虽大，并没有使她换上华服，反是这洗旧了的女冠服，衬出她一身世外之人的仙气。

车帘里的薛涛莞尔，这美好的愿望，她也希望能够成真。

出了城门，梧桐蔽道，阔大的叶子向四面八方张着，风一吹，便掉落几片。

吴钧蕙圃移嘉木，正及东谿春雨时。
日晚莺啼何所为，浅深红腻压繁枝。

——《棠梨花和李太尉》

到了大和六年（公元 832 年），也就是薛涛生命中最后一年的那个春天，李德裕作了一首《棠梨花》，薛涛为之唱和，遂有此诗。

李德裕咏棠梨花的佳句，今人虽无缘一睹，但他的才情我们尚可以得见，其怀平泉山居之时曾赋诗寄情，今人还可以读之以测度昔日李太尉的胸怀。在《春暮思平泉杂咏二十首》里，李德裕有一首咏东谿的：

近蓄东溪水,悠悠起渌波。彩鸳留不去,芳草日应多。

夹岸生奇筱,缘岩覆女萝。兰桡思无限,为感濯缨歌。

这首诗虽是后来李德裕出任淮南节度使时所作，但今日读来，依然可以借此悟出薛涛题棠梨花的意趣之所在。《诗经·召南·甘棠》咏棠梨花曰：“蔽芾甘棠,勿翦勿伐,召伯所茇。蔽芾甘棠,勿翦勿败,召伯所憩。蔽芾甘棠,勿翦勿拜,召伯所说。”郁郁葱葱的棠梨树，人们对它悉心浇灌，倍加爱护，不曾砍伤或是剪除，皆因为那曾是召伯居住之所、休憩之处、心爱之物。

无疑，李德裕与薛涛都借着“召伯遗爱”之典故，遥慕周召伯甘棠树下勤政为民的懿德，并借古抒情，一展爱民疾苦的胸怀。薛涛所谓“移嘉木”，也就是指其移植棠梨花于此，日夜睹之，以此自勉。就连李德裕《平泉山居告子孙记》都重申其义：“昔周人之思召伯，爱其所憩之树。”李德裕和那时众多的文人一般，既想忝列朝堂，精忠报国，惠泽万民，又想离群山居，寄情山水，田园闲度，二者不可得兼，故在府衙之内，反复吟咏在山居之时的佳作。

李德裕之所以“彩鸳留不去”，也就是依恋着平泉山的山林生

涯，而薛涛“日晚莺啼”之辞，或许就是指李德裕日夜吟诵山林诗句。薛涛却以吴均蕙圃喻李德裕的嘉木，颇有期许。

而这是薛涛传世之作的最后一首，韦令公的孔雀逝世了，薛涛这只诗坛孔雀也赏完了人生最后的春景，但最后的诗句中，薛涛或为民生之艰哀歌，或为高洁之志咏叹，在诗坛中留下了一位弱女子强劲的绝响。

第十章

孔雀易老——风涛滚滚流不尽

风流一朝殁，诗名万古存。薛涛死了，大唐最美的孔雀死了。她的一生似乎都在遭受命运的戏弄，然而她的一生时刻都在做着与命运的搏斗。这样的薛涛是令人怜惜的，这样的薛涛也是令人敬佩的。容颜已逝，只剩下哀伤的诗行还在倾吐着昨日的旧梦。江水清清，浣花溪如今流淌着谁的叹息？

第一节

《伤韦令孔雀词》——鹦鹉声断梧桐凋

可怜孔雀初得时，美人为尔别开池。

池边凤凰作伴侣，羌声鹦鹉无言语。

雕笼玉架嫌不栖，夜夜思归向南舞。

如今憔悴人见恶，万里更求新孔雀。

热眠雨水饥拾虫，翠尾盘泥金彩落。

多时人养不解飞，海山风黑何处归。

这首排律是诗人王建为历任剑南西川节度使所饲养的孔雀所题，亦是为蜀中女校书薛涛所题。

大和五年（公元 831 年），韦令公生前豢养的孔雀在凄寒的秋夜最后一次敛起了羽翼，诗坛才俊皆赋诗哀叹。不出几个月，一代诗坛孔雀——“芙蓉空老蜀江花”薛涛竟走完了绚丽的一生。那个夏天，浣花溪的荷花还没有凋谢，碧鸡坊里海棠鲜艳照人，可六十

五岁的薛涛将一生的漂泊收拾，将满心的爱恋与相思收拾，将清净的冥想与热烈的情感收拾，一齐带走了，永远离开了这个世界。深红小笺上各种深情恣肆的笔走龙蛇，也逃不过史书上一个冰冷的“卒”字。

她是诗人的情人，是诗歌的女儿，她的一生写下了五百余首诗作，将一切的爱恨留给后人品咂，却孤独地翻完了生命的最后一页，上穷碧落，下至黄泉，世间再无薛校书。

当时的节度使李德裕唏嘘不已，为之作《伤孔雀及薛涛》诗一首，可惜诗已不存，当时的苏州刺史刘禹锡则为之唱和，写下了《和西川李尚书伤孔雀及薛涛之什》：

玉儿已逐金镮葬，翠羽先随秋草萎。唯见芙蓉含晓露，数行红泪滴清池。

按：后魏元树，南阳王禧之子。南阳到建业，数年后北归。爱姬朱玉儿脱金指镮为赠，树至魏，却以指钚寄玉儿，示有还意。

这首诗首句即以朱玉儿之典故喻指薛涛的逝世，次句则感伤孔雀翠羽早凋。薛涛去世之时，芙蓉尚含晓露，如红泪滴落，哀悼这位诗坛女杰。

说到“韦令孔雀”，不可不说这是唐代诗坛的佳话：韦皋镇蜀之初（贞元元年），南诏馈献了一只孔雀。韦皋十分喜爱，并听从薛涛的提议，在宅邸中开凿了一方水池，并在池上搭建了笼子来饲

养这只孔雀。而在大和五年（公元 831 年）的秋天，这只孔雀老死于笼中。神奇的是，次年夏天，薛涛也走完了她的一生。

武元衡曾为孔雀的逝去而深情赋诗《四川使宅有韦令公时孔雀存焉暇日与诸公同玩座中兼故府宾妓兴嗟久之因赋此诗用广其意》：

荀令昔居此，故巢留越禽。动摇金翠尾，飞舞碧梧阴。
上客彻瑶瑟，美人伤蕙心。会因南国使，得放海云深。

“美人伤蕙心”就是对薛涛当时情状的描写，韦皋是张延赏之乘龙快婿，镇蜀二十一年，到了晚年才有纳歌妓玉箫之事，早期除了薛涛出入幕府，又何来别的所谓美人者？孔雀已矣，薛涛毕竟不能释怀，在她的心目中，这既是自己才华的象征，也是韦皋与自己多年来情感的象征，非是寥寥几句诗句所能遣怀，而薛涛此时也必有唱和，可惜今已不传。

与之唱和者，尚有白居易、韩愈等人，可是他们的诗句中只提到了孔雀，未及薛涛，而诗人王建与武元衡关系密切，知其句中之旨，遂作了这首七言古诗《伤韦令孔雀词》。

“美人为尔别开池”便是指薛涛建议韦皋为孔雀建造栖息的小池一事。而这首诗中处处是对孔雀的哀悼，也是对薛涛的劝慰，元稹曾赋诗“言语巧偷鹦鹉舌，文章分得凤凰毛”来盛赞薛涛，而此时王建也以相同的意象来描述她的心境——“池边凤凰作伴侣，羌声鹦鹉无言语。”

从王建之乐府诗中看来，孔雀虽为人所饲养，但其生活艰辛，不解飞翔，却张翅欲飞，求得自由，最终只能在池塘中舔舐着自己的羽毛，聊以慰藉。这正是薛涛一生的写照，雅致已极，寂寞亦极，弦断已无人听。

当事人将孔雀与薛涛相提并论，绝非空穴来风，可惜千年以后的我辈，已经无法探寻其中的底蕴了。

第二节

《蜀中》——怀人之心传千古

渚远江清碧簟纹，小桃花绕薛涛坟。

朱桥直指金门路，粉堞高连玉垒云。

窗下斫琴翘凤足，波中濯锦散鸥群。

子规夜夜啼巴蜀，不并吴乡楚国闻。

一代诗坛“孔雀”就此香消玉殒，她的遗骨被朋友埋葬在成都附近。大和七年（公元 833 年），宦游二十载的段文昌再至成都，亲自为薛涛撰写了墓志铭，可惜墓志铭与薛涛墓皆已不存。晚唐郑谷曾游薛涛墓，赋《蜀中》诗。

此诗首联即已点明：薛涛坟在锦江之滨，小桃花在正月里盛放，守护着一代诗坛孔雀的精魂。中间四句即从不同角度写薛涛坟的景色，尾联则为郑谷之感慨。后人对薛涛有颇多追思与遐想，并通过薛涛坟来作为寄托。

明代时，薛涛墓址已颇多谜团，各种传说浪漫而吊诡，如明代《漱石闲谈》曾记载：

“成都有耕者，得薛涛墓，棺悬石室中，四维环以彩笺，无虑数万，颜色鲜好，触风散若尘雾。”

但《香祖笔记》谈及此说，只道“皆理之不可信者，殆好事者为之耳”。然薛涛墓成谜，乃是后代文人骚客的一大憾事，明代诗人徐熥就欲前往凭吊不得，惆怅赋诗曰：

玉垒山高锦水流，黄泉何处觅青楼。
坟头种得桃千树，花落花开怨未休。

云笺彷佛见罗裙，缥缈歌声去不闻。
千树桃花零落尽，不知何处吊孤坟。

所幸的是，薛涛尚有画像传世，徐熥得以凭此寄托幽思，与几百年前的奇女子神交畅游：

濯锦江边一丽人，千秋传得镜中身。
自惭不及高千里，未识花容真未真。

——《题幼孺所藏薛涛小像》其一

半幅丹青异代情，谁人题作校书名。

写生不用桃花纸，两颊芙蓉晕自生。

——《题幼孺所藏薛涛小像》其二

近代的沈轶刘也曾得见薛涛像之拓本，才情涌动，填词《暗香疏影·孙雄白寄武照、薛涛像拓本》一首：

金轮曾斲。化二分孤艳，浣花溪角。狐媚难消，待写秘辛余控鹤。独念枇杷万里，寻故事、仙罗凡郭。问费却几辈工夫，千载竟谁觉。

差异昔年韦李，空山对石友，胜情闲托。谱绎无双，碑拓斜阳，好仗孙郎搴索。手招凉雨乘云上。怕夕贬天香归洛。借松笺、皇泽催诗，蜀客雪鸿能拓。

如今的成都东郊，望江楼公园东侧、锦江之滨、四川大学校园之内，有一座当代所立的薛涛新墓与新碑，以供后人凭吊，碑文正面书三行大字：

公元一九九四年十月立

唐女校书薛洪度墓

薛涛研究会立

碑阴文字为由四川省薛涛研究会副会长刘天文所撰。

“薛涛，字洪度，约生于唐德宗建中二年，卒于唐文宗大和六年，殁后，时段文昌以西川节度使再镇成都，曾为其撰墓志。唐时涛墓今不存，在成都何处亦无考。晚唐郑谷《蜀中》诗云：渚远江清碧簟纹，小桃花绕薛涛坟。朱桥直指金门路，粉堞高连玉垒云。窗下断琴翘凤足，波中濯锦散鸥群。子规夜夜啼巴蜀，不并吴乡楚国。闻有学者认为诗中‘朱桥直指金门路’之‘金门’即唐时成都西郭金阊门，谓涛墓在城西碧鸡坊近处；另有学者认为，成都附郭河流，惟九眼桥以东一段始称锦江，郑诗有‘波中濯锦’句，谓涛墓在锦江之滨，今望江楼附近。两说孰是，仍当以日后有墓葬出土为断。今望江楼之薛涛墓，明万历时已存在。新旧《华阳县志》记涛墓在县东五里处；万历初，夔州通判何宇度《益部谈资》所记，‘涛墓在江干，题碑唐女校书薛洪度墓’即指此墓。至清代时，此墓已成旷壤，墓址几不可辨，光绪九年浙西沈寿榕等重加修葺，镌石立碑。近至十年浩劫后，涛墓又荡然无存，今园中游人每访涛墓不得，多怅惘不已。故薛涛研究会仿明时旧貌，重新修建薛涛墓于此，既可慰诗魂于地下，亦可发思古之幽情，诚一盛事也！一九九四年十月记。”

在薛涛墓的后面，乃是四川大学法学研究所所长周应德所撰写的《薛涛墓表》。

薛涛墓表

四川大学周应德撰并书

薛涛字洪度，出生秦陇而长寓蜀川，孤零一世而名垂千载。彩画横溢，志洁心高。盖古代闺中之翘楚，而诗坛之异彩也。涛赋诗五十年，成诗五百首。虽经散佚，犹得“洪度集”七十余首传世。涛诗之绮丽澄莹、与浑朴雄健，兼而有之。无轻薄浮靡之词。古人称涛诗“奇情缥缈，绮思凌云，或高而朴，或古而静，其讬意深远，非寻常裙屐所及。”涛生平爱竹及菊，又尝种苍蒲，岂竹之劲节、菊之超逸、而蒲之苍健有以贰之欤！涛出入西川幕府历十一镇，晚年屏居浣花溪。文宗时登幕府筹边楼，作爱国豪壮之吟。越明年，涛卒。时公元八三二年也。涛墓，原在蜀都治东四里许黄安坝，今四川大学境内。清光绪间重修。年久荒圮。一九九四年别建新冢於园之南隅，今北迁至此。墓旁修竹万竿，清闲静雅，幽荫满园，曲径萦廻，亭阁掩映。可憩可弈，可饮可宴，可留晋贤之醉，可伴舜妃之悲；或凝思而沉吟，或翩跹而起舞，将挥拳而击剑，廼荡楫而长歌，栖迟偃仰，意兴纵横人生逸韵，到此极矣。八六年小平邓公莅园，盛赞薛涛为唐代著名女诗人。涛诗名溢中外，情系古今。念天地之悠悠，有所谓永垂而不朽者，诗人薛涛，庶几足以当之！翠竹青冢，日落黄昏，眄碧落之旷渺，荐窀穸之谧宁。诗魂有知，尚其来格！

四川大学谢蓉助资勒石

公元两千零三年秋望江楼公园建

而在薛涛墓的附近，便是读竹苑，薛涛之像伫立其间，神色甚为逼真，令今人可以一览女校书之风采，而石像之侧，正是《薛涛像赞》。

唐诗人薛涛，字洪度。原籍长安。大歷中随父郧宦游入蜀，恸少小失怙，由是而孤零偃蹇、凄清自持，绘制彩笺，以为生计。涛生平爱竹，有林下风致。慧颖工诗，与当代名家元稹、白居易、刘禹锡杜牧、王建及西川节度使韦皋，至李德裕诸重臣相友善。皆以文受知。每多唱和之作。着诗五百首，汇为《锦江集》，已佚，今存《洪度集》八十余首传世。书法亦工，笔力峻激，无女子气。世称扫眉才子，载誉百世不衰。甲子之夏园中临池造像，庄娴静雅，修竹掩映。饰唐装素裹，薄罗轻裾。持卷负手，作凝思行吟之状。翩然中唐诗家而名园丽影也。古以宓妃为洛水之神，洪度其锦水之神欤！

西川校书，瑰异不群。

辩慧工诗，落落含情。

文思俊逸，语无雌声。

颂苍苍之劲节，登筹边而行吟。

诫贪羌族焉，怒斥巫山云。

壮压十州，惊天地之荒荒；

月照千门，戎马系闺心。

雨晴眉山，高楼掩映双旌远；

秦关骑杳，伤弦绝而悼知音。

夜立清江，叹人间之愁寂；

浣花溪畔，吟诗楼头，

道服仙冠，步余生而闭门。

涛兮涛兮，

蜀都冷艳，锦水诗魂！

四川大学周应德撰并书

捐资建碑：戴光耀

公元一九九八年戊寅冬镌建

此文不过四百字，却道尽薛涛之一生，可谓薛涛之万古知音。斯人已矣，薛涛却没有因生命的结束而带走关于她的传说。不仅仅是吊诡的薛涛墓风波，薛涛笺、薛涛字、薛涛酒、薛涛井都在她的身后，为她的人格增添了许多动人的注脚。

薛涛井的传说始于明代，人们声称薛涛造笺就是通过这口井取水。大概是因为薛涛墓在不远处，人们便这样一厢情愿地附会吧。

正德年间的状元杨慎《别周昌言黄孟至》有句："重露桃花薛涛井，轻风杨柳文君垆。"这是诗歌第一次出现薛涛井。万历年初，时任四川按察使的胡定有《薛涛井》诗二首，云"好事至今传井渫，年年飞入九重天"。诗后附注："蜀殿下取此井水造为万寿笺云。"明万历年间曾任四川右参政、按察使的曹学佺在《蜀中广记》

中记曰：“予庚戌秋过此，询诸纸房吏云：‘每岁三月三日汲此井水，造笺二十四幅，入贡十六幅，馀者留存’。”由此可知这里确是明代蜀藩制笺处。

天启《成都府志》对薛涛井极为十分详尽：“薛涛井，旧名玉女津，在锦江南岸，水极清澈，石栏周环，为蜀王制笺处，有堂室数楹，令卒守之。”而此井被人们称赞“水味甘洌，异于江泉”，并非没有原因，薛涛井毗邻锦江，井水源自锦江，又经过地下沙石过滤，清澈甘洌，水质非凡。

到了清朝初年，成都兴起以薛涛井水酿酒之风，名为“薛涛酒”，自康熙至道光年间，吟咏不绝。如张船山之《咏薛涛酒》：

浣溪何处薛涛笺，汲井烹泉亦惘然。
千古艳才难冷落，一杯名酒忽缠绵。
色香且领闲中味，泡影重开梦里缘。
我醉更怜唐节度，枇杷花底问西川。

清康熙六年（1667年），成都知府冀应熊手书“薛涛井”三字，勒石立于井前，至今尚存。乾隆六十年（1795年），成都学使周厚辕与通判同游薛涛井，书写唐诗人王建《赠薛涛诗》，并撰写薛涛井诗，立于薛涛井碑之侧。到了嘉庆十九年（1814年），四川布政使方积、成都知府李尧栋培修薛涛井，并在其附近重建了吟诗楼，并造了一座浣笺亭，几经修建，至今犹存。

第三节

《柳梢青》——文采风流标千古

细腻风光，扫眉才子，独具诗肠。遗墨飘零，谁教鹦鹉，错认宫商。

等闲不敢平章，唐国里校书誉扬。典笔词人，重斟细酌，凭仗丹黄。

这是近代学者谢无量《题云生重校薛洪度集》诗，盛赞薛涛的才华。而明代杨慎于《绿窗女史》中更独标薛涛，道：“予品蜀艳，首薛洪度事，文采风流，为士女行中独步，惜时无嗣响，故此卷亦阁未传。”后这一卷杨氏所藏的书刊印而出，为《薛涛诗》一卷。

而郑振铎先生主编的《插图本中国文学史》则如是品评：“这是有一位女作家薛涛，其诗很可称道。其时轻芊而艳丽，时有佳句。”

薛涛之所以在后世得到如此之高的赞誉，不仅是因为她“工绝句”，在男人主导的社会中发出了自己的声音，更因为她“无雌

声”，有慨然之气，非一般目光短浅的闺怨女子所能比。在后人品评薛涛诗时，《历代名媛诗词》最得其妙：“涛颇多才情，轶荡而进出闲婉，女中少有其比。然大都言情之作，娓娓动人。”

薛涛之闺思，将沉重的哀愁隐藏在平淡的文字中，恰如“惊觉相思不露，原来只因已入骨”之兴味，在清新朴实的语言中将细腻哀婉的情感轻轻地包裹起来，笑对年华空置的落寞，爱而不得的遗恨也匆匆翻过，似乎，这一切都可以重新再来，即使花已满枝人犹未归，也可以强作开心地宽慰自己。她的衣袖遮住额头，登临高楼，将思念定格成为一个远望待归的姿态。但是薛涛犹然心痛，佳人一去，再不回来，薛涛的情感，似乎写满了答案却永远没有交卷。她的无可奈何，她的孤苦伶仃，都从那流传千古的诗句中为千年后的我们所知晓。诗人罗隐为鹦鹉沉郁赋诗“莫恨雕笼翠羽残，江南地暖陇西塞”，可是薛涛偏偏甘愿坠于泥淖，也不愿与自己心中的爱恨分离。

薛涛之怀古，打破了女子不言政事的传统，“讽喻而不露”，她的作品充满阳刚之气，既有借古吊今之作，以前人陈酿之美酒尽浇今日胸中块垒，又有边塞止战之句，于深红小笺上哀悼边陲将士的苦寒。薛涛之侠气，非一般女子所能学来，然其侠气却于委婉的琵琶细语中幽幽倾泻，毫无一丝乖戾之气，满是路入烟霞的幽媚矜荡。

薛涛之咏物，将满怀的情愫充盈其中，“托物寄兴”，将种种不如意都借着风月流水吟咏而出，她以诗人与思妇独有的敏感与聪慧，透过细腻的观察与映丽的想象将奇花异草赋予了自己凄清香冷

的情思。薛涛素爱竹，她与它一样，正直挺拔而有气节，绝不攀附余物，或是媚众取宠，却也不因心的空灵而随风摇摆。她吟风弄月，咏蝉赞花，都在绵绵情意中增添一分俊俏的侠气，更多了一分冰清玉洁的温婉动人。

薛涛之羁旅，与历来叫苦不迭的文人们不同，一扫诗坛的萎靡旧调，颇得《蒹葭》之遗风，含情而遐迩能达，会景而无住生心，体物能精微得神，灵通之句频出，化工之妙倍彰。荆南渭北、巴山吴水，皆在南浦之片帆，薛涛心似不系之舟，与友人相知又离别，浅浅的浣花溪已载不动她的哀愁与思念。

《太平广记》载：进士杨蕴中因事下成都狱，夜梦一妇人，自称薛涛，赠其诗云："玉漏深长灯耿耿，东墙西墙时见影。月明窗外子规啼，忍使孤魂愁夜永。"这是后世关于薛涛的传说中最引人遐思的一个，似乎薛涛永远地活着，或者说，永远活在我们的梦中。

后世众人，对薛涛唯有嗟叹不已，且看收藏于四川省文史馆的一首小词：

古井斜阳岸，指当年，薛涛旧迹，乱坟蒿乱。不见文昌洪度碣，空惹谰言一段。是友议云溪瞎串。不问良家何等秩，可朝官，九品从头荐。节度使，真能干。

罚边随意称严遣，最无伦，赴罚何人，罚因何案。闺阁不知戎马事，何故题赠远。且陌上楼头望断，何时片帆离锦浦，任眉山烟雨中流暗。归去也，全不管。

尾声

薛涛的故事讲完了。

写完这个故事，夜已深了，想用薛涛的一句诗回赠给一千多年以前的她：“谁言千里自今夕，离梦杳如关塞长。”虽然相隔千年，但是我相信，人同此心，江边明月不改清澈，拂过脸颊的清风不改温柔。谢谢她的一生，演绎出动人而细腻的故事，并通过浣花溪水制成的片片红笺，留赠后世每一个愿意读到她的人。

不得不叹息，对于很多人而言，他们其实并没有真正地活过，虽然世界上有如此多的美景，他们却不知道如何享受；可惜的是，对于许多人而言，传统的道德与目标的正确比真正的生活更加重要，人生完全被流行的思想与文化所操控。

幸而历史上的薛涛不是这样一个人，我在叙述她的故事时，也体会到了她的人格：不羁于传统，不苟于流俗。或许她不够强大，也不够杰出，但是她敢爱、敢恨，敢于去真实地面对自己，似乎这就是对自己最大的馈赠了。不论是边塞凛冽的寒风，还是楼台上温

暖的炉台，她拥有了整个世界。

不得不感叹，这个世界上，还有一个人，她曾经真正地活过。

可惜的是，后世对薛涛的附会与误解太多，她的感情世界终究成了谜，或许正是因为这样，薛涛活得更长久，因为在每个人的心目中，都有一个属于自己的女校书。每个朝代的人都把自己对薛涛的情感寄托在她的身影里，慢慢地，薛涛便承载了更多人的悲欢与情思。

历史上的薛涛并不能拒绝这一切的发生，但若她是一个贴心的姑娘，想必也愿意成为后人口中的典故，并为后人排解种种凄恻愁苦。

秋风消息魂断天，莫问空山未了缘。
一代繁华何处着，乌啼花落墓门烟。
碧鸡坊下吟旧诗，浣花溪笺水一湄。
金井江楼谁是主，香销玉烬梦难追。
抛落枇杷去不还，一区埋花老荒山。
西风夜月吟魂冷，林火青青竹藓斑。
杨花韩露柳风狂，潜力相思委道旁。
金粉才华销歇尽，一般断送六朝香。

薛涛的故事还在继续，她等待着我们每一个人与她的精魂唱和。临别之时，又说什么呢？

弦外无声，默然相契。